Faouzi Benzarti

# Restauration d'images par une approche de déconvolution aveugle (DA)

Faouzi Benzarti

# Restauration d'images par une approche de déconvolution aveugle (DA)

## Régularisation Anisotrope

Presses Académiques Francophones

**Impressum / Mentions légales**

Bibliografische Information der Deutschen Nationalbibliothek: Die Deutsche Nationalbibliothek verzeichnet diese Publikation in der Deutschen Nationalbibliografie; detaillierte bibliografische Daten sind im Internet über http://dnb.d-nb.de abrufbar.
Alle in diesem Buch genannten Marken und Produktnamen unterliegen warenzeichen-, marken- oder patentrechtlichem Schutz bzw. sind Warenzeichen oder eingetragene Warenzeichen der jeweiligen Inhaber. Die Wiedergabe von Marken, Produktnamen, Gebrauchsnamen, Handelsnamen, Warenbezeichnungen u.s.w. in diesem Werk berechtigt auch ohne besondere Kennzeichnung nicht zu der Annahme, dass solche Namen im Sinne der Warenzeichen- und Markenschutzgesetzgebung als frei zu betrachten wären und daher von jedermann benutzt werden dürften.

Information bibliographique publiée par la Deutsche Nationalbibliothek: La Deutsche Nationalbibliothek inscrit cette publication à la Deutsche Nationalbibliografie; des données bibliographiques détaillées sont disponibles sur internet à l'adresse http://dnb.d-nb.de.
Toutes marques et noms de produits mentionnés dans ce livre demeurent sous la protection des marques, des marques déposées et des brevets, et sont des marques ou des marques déposées de leurs détenteurs respectifs. L'utilisation des marques, noms de produits, noms communs, noms commerciaux, descriptions de produits, etc, même sans qu'ils soient mentionnés de façon particulière dans ce livre ne signifie en aucune façon que ces noms peuvent être utilisés sans restriction à l'égard de la législation pour la protection des marques et des marques déposées et pourraient donc être utilisés par quiconque.

Coverbild / Photo de couverture: www.ingimage.com

Verlag / Editeur:
Presses Académiques Francophones
ist ein Imprint der / est une marque déposée de
OmniScriptum GmbH & Co. KG
Heinrich-Böcking-Str. 6-8, 66121 Saarbrücken, Deutschland / Allemagne
Email: info@presses-academiques.com

Herstellung: siehe letzte Seite /
Impression: voir la dernière page
**ISBN: 978-3-8381-4032-2**

*Restauration d'images par une approche de déconvolution aveugle basée sur la régularisation anisotrope*

*Auteur :*
*Faouzi Benzarti*

## *Avant Propos*

Le contenu de cet ouvrage est issu de mes travaux antérieurs de thèse en traitement d'images. Le thème de recherche auquel je me suis intéressé est celui de la restauration d'images. C'est une discipline de recherche très active et fortement émergente dans le domaine du traitement d'images et reste toujours un sujet d'actualité. L'objectif de la restauration consiste à corriger ou à compenser les distorsions et les défauts subis par l'image lors de son acquisition ou de sa transmission et ce, dans le but d'obtenir une image de très bonne qualité. La majorité des algorithmes utilisés dans le cadre de la restauration, supposent la connaissance a priori de la fonction de dégradation du système, connue sous le nom de réponse impulsionnelle ou fonction d'étalement de point (Point Spread Function : PSF), et tentent d'appliquer le processus inverse pour estimer l'image originale. Toutefois, les progrès récents de la restauration permettent aujourd'hui d'envisager d'autres approches de restauration dite 'Déconvolution Aveugle' (Blind Deconvolution) ou encore restauration non supervisée. Cette approche cherche à estimer simultanément l'image originale et la PSF supposée inconnue, et ce, en introduisant des connaissances a priori sur la nature du système d'imagerie.

Cependant, la majorité des algorithmes utilisés dans ce cadre, conduisent souvent à des solutions sous optimales, du fait qu'ils induisent des effets d'oscillations (phénomènes de Gibbs) et altèrent les contours de l'image. Ceci est dû essentiellement au problème inverse mal posé de la restauration où de la déconvolution qui nécessite une régularisation adéquate. Celle-ci consiste à imposer diverses contraintes de douceurs (gradients, dérivées) sur la solution recherchée pour diminuer l'influence du bruit. Cette régularisation ne doit pas imposer des contraintes fortes ou globales sur l'image, afin de mieux préserver les discontinuités qui sont considérées comme des informations locales. Certaines méthodes basées sur des techniques de régularisation non linéaire permettent d'apporter une solution satisfaisante à notre problème. Ceci est justifié par le fait que les discontinuités (i.e. contours) de l'image sont considérées comme des variations spatiales

2

non linéaires. La régularisation anisotrope est l'une des techniques non linéaires les plus récentes à exploiter pour notre problème de déconvolution. Celle-ci s'appuie sur un formalisme d'EDP non linéaire qui prend en compte de manière explicite la géométrie locale de l'image.

Cet ouvrage s'articule autour de cinq chapitres organisés comme suit :

Le premier chapitre, est introductif et présente le problème de la restauration dans sa généralité.

Le deuxième chapitre, introduit le problème de la régularisation et montre son rôle déterminant pour la stabilisation du problème inverse.

Le troisième chapitre, présente un état de l'art des différentes techniques existantes dans le domaine de la déconvolution aveugle.

Dans le quatrième chapitre, nous présentons deux modèles de déconvolution aveugle : l'un associé aux images scalaires (i.e. en niveaux de gris), l'autre aux images vectorielles (i.e. couleur).

Enfin, dans le dernier chapitre, nous présentons quelques résultats expérimentaux élaborés sur des images de synthèse ensuite sur des images réelles de type : photographique, astronomique et médical.

# TABLE DES MATIERES

# NOTATIONS

| | |
|---|---|
| $f(.)$ | Image originale (2D) |
| $g(.)$ | Image observée (dégradée) |
| $h(.)$ | Réponse impulsionnelle (PSF) |
| $n(.)$ | Bruit additif |
| $(x,y)$ | Position d'un pixel (domaine continu) |
| $(i,j)$ | Position d'un pixel (domaine discret) |
| $G(u,v)$ , $F(u,v)$ , $H(u,v)$ | FFT resp. de $g(.),f(.)$ et $n(.)$ |
| $G^*(u,v)$ , $F^*(u,v)$ , $H^*(u,v)$ | Conjuguées resp. de $g(.),f(.)$ et $n(.)$ |
| $\mathbf{g, f, n}$ | Vecteurs (1D) relatifs aux images $g(.), f(.)$ et $n(.)$ |
| $\mathbf{H}$ | Opérateur de transformation (matrice) déduit de $h(x,y)$ |
| $\hat{\mathbf{f}}$ | Image estimée |
| $\lVert \cdot \rVert$ | Norme |
| $*$ | Produit de convolution |
| $E[.]$ | Espérance mathématique |
| $\lvert \nabla f \rvert$ | Module du gradient de $f$ |
| $div(.)$ | Opérateur de divergence |
| $U(.)$ | Fonction d'énergie |
| $\mathbf{P(.)}$ | Densité de probabilité (PDF) |
| $Var(.)$ | Variance |
| $f(-x,-y)$, $h(-x,-y)$ | Symétrique resp. de $f(x,y)$ et $h(x,y)$ (eqv. $F^*(u,v)$ et $H^*(u,v)$) |
| $\Phi(.)$ | Fonction régularisante |
| $\Phi'(.)$, $\Phi''(.)$ | Dérivée première et seconde de $\Phi(.)$ |
| $f_{\xi\xi}$, $f_{\eta\eta}$ | Dérivées secondes de $f(x,y)$ dans les directions $\xi$ et $\eta$ |
| $(\eta, \xi)$ | Base orthonormée ($\eta = \nabla u / \lvert \nabla u \rvert$ et $\xi = \eta^T$). |
| $\delta(x,y)$ | Fonction delta |
| $argmin(.)$, $argmax(.)$ | Argument minimal (resp. maximal) d'une fonction |

# CHAPITRE 1

# CHAPITRE 1

## *RESTAURATION D'IMAGES ET PROBLEME INVERSE*

### 1.1 Introduction

La restauration d'images a vu le jour au début des années 1950 lors des programmes spatiaux américains et soviétiques. Les premières missions spatiales ont fournis de nombreuses images de la Terre, de la Lune et d'autres étoiles, mais avec des difficultés techniques importantes qui introduisent de grandes dégradations dans ces images. Etant donné le coût de l'investissement qui s'avère colossal, il était donc nécessaire de développer et d'utiliser des techniques de restauration d'images pour corriger les défauts introduits par les instruments. Dés lors, la restauration d'image a pris un essor considérable et n'a cessé de se développer, utilisant avec efficacité la théorie du signal, la probabilité, l'algorithmique et d'autres nouvelles techniques. Depuis quelques temps, on assiste à un regain d'intérêt de cette technique dans plusieurs domaines. En particulier, le domaine médicale, où l'on cherche à améliorer la qualité des images obtenues (radiologiques, tomographiques, IRM, …), qui sont corrompues par divers types de dégradation (faible résolution, bruits, artéfacts…). Dans le domaine militaire, on exploite cette technique pour l'identification et la reconnaissance des cibles militaires à travers des images de prise de vue aérienne. Récemment, des travaux ont été élaborés dans le domaine de la communication numérique [Bou04], où l'on cherche à exploiter cette technique pour réduire et atténuer les artéfacts de compression liés aux codeurs de type JPEG, JPEG2000, MPEG etc.

Dans ce qui suit, nous allons commencer par donner un aperçu général du principe de la formation d'image ainsi que les types de dégradations inhérentes qui l'affectent. Ensuite, on abordera le problème inverse de la restauration tout en évoquant les difficultés à sa résolution.

## 1.2  Principe de formation d'image

En toute généralité, une image est une représentation planaire d'une scène ou d'un objet situé dans un espace à trois dimensions (3D) figure 1.1. Le système d'imagerie englobe toute la chaîne d'acquisition (capteur, dispositifs électroniques, support d'enregistrement...).

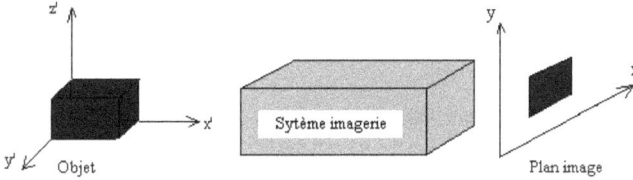

**Figure 1-1** Formation d'image à partir d'une scène 3D

Dans le cas d'un appareil photographique standard, par exemple, le système d'imagerie empreinte une méthode optique et dans lequel la scène à enregistrer est placée devant un objectif qui focalise la scène, qui par la suite, utilise une surface photosensible (film argentique) et un traitement chimique pour obtenir la photographie. Pour une caméra à transfert de charge ou encore CCD (Charge Coupled Device), on utilise un capteur photosensible (matrice de photodiodes) qui va analyser et transformer l'image en un signal électrique. Dans le cas de l'astronomie, le télescope remplit le rôle de capteur et dans lequel le plan image est le plan focal de celui-ci, et les objets sont les sources lumineuses de la voûte céleste. Dans le domaine médical, le concept de l'imagerie prend un autre aspect, et c'est les radiations pénétrantes qui contribuent à la formation de l'image. En radiologie, l'objet à imager est illuminé par une source de radiation (rayon X). En médecine nucléaire, l'objet à imager est lui-même la source de radiation.

Théoriquement et dans le cas scalaire (i.e. niveaux de gris), on peut définir une image fixe comme une application bornée f de $\Omega \subset R^2 \rightarrow R$, qui associe au pixel $(x,y) \in \Omega$ son intensité lumineuse $f(x,y)$, $\Omega$ étant le domaine de l'image. En pratique, cette fonction est échantillonnée pour fournir une image discrète f(i,j). Celle-ci va donc se présenter sous la forme d'une matrice de pixels 2D, ayant chacun comme caractéristique un niveau de gris ou de couleur prélevés à l'emplacement correspondant dans l'image réelle. Cependant, la qualité de l'image dépend non seulement des propriétés intrinsèques de la scène observée, mais aussi des moyens mis en œuvre pour la transformer en signal discret.

## 1.3 Dégradation de l'image

Le matériel mis en œuvre pour former l'image est loin d'être parfait et introduit souvent une aberration ou une déformation qui se traduit par un flou. A ceci vient s'ajouter diverses sources de bruits provenant principalement du circuit d'acquisition, du capteur, de l'échantillonnage. Donc, le problème de la restauration se ramène alors à la réduction du niveau du bruit et à l'élimination du flou.

### 1.3.1 Bruit

Le bruit caractérise les parasites ou les interférences d'un signal, c'est-à-dire les parties du signal déformées localement. Il est considéré comme un phénomène de brusque variation de l'intensité d'un pixel par rapport à ses voisins. Celui-ci provient de sources diverses et indépendantes qui affecte localement et d'une façon aléatoire, le signal ou l'image. Le bruit peut avoir plusieurs origines [Gon02]:

- Bruit d'acquisition : du aux événements inattendus modifiant les conditions de l'acquisition du signal, comme exemple le bougé de caméra ou encore une modification ponctuelle des conditions d'éclairage qui conduit à une sous ou sur illumination de l'objet.

- Bruit lié au capteur : si le capteur est de mauvaise qualité ou s'il est mal calibré, il peut introduire une distorsion de la gamme des niveaux de gris, provoquant une saturation ou déformation géométrique de l'image.

- Bruit d'échantillonnage et de quantification : qui se manifeste lors de la numérisation de l'image.

Quand le bruit est indépendant des données, il peut être souvent décrit par un modèle additif. Celui-ci apporte une importante contribution au spectre haute fréquence de l'image initiale. En revanche, si le bruit est dépendant, il peut être décrit par un modèle multiplicatif qui induit des interférences de vague sous forme de Speckle. Pour décrire l'importance du bruit dans une image, on définit le rapport Signal sur Bruit (SNR) par la relation suivante :

$$SNR_{(dB)} = 10 Log_{10} (\frac{Variance(signal)}{Variance(bruit)}) \qquad (1\text{-}1)$$

Cette mesure peut également servir pour évaluer la qualité de l'image d'une façon objective. La qualité de l'image est d'autant meilleure que le rapport SNR est grand.

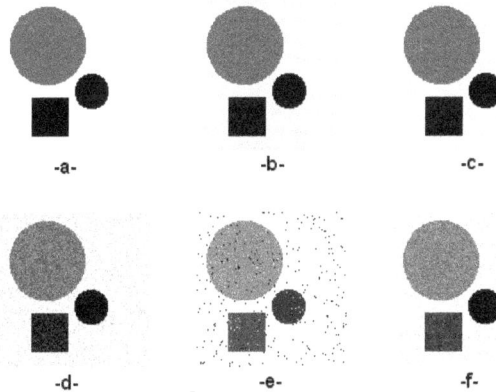

**Figure 1-2** Effet de différents types de bruit sur une image de synthèse, -a- Image test ,-b- Bruit Gaussien ,-c- Bruit Uniforme , -d- Bruit Speckle , -e- Bruit impulsif, -f- Bruit Poissonnien

Le bruit est un phénomène aléatoire qui ne peut être décrit que par ses propriétés statistiques (Moyenne, Variance, Densité de probabilité PDF), et peut se manifester sous plusieurs formes, dont les plus connues sont: le bruit Gaussien, le bruit Uniforme, le bruit Speckle, le bruit Impulsif, le bruit Poissonnien et bien d'autres. Sur la figure 1.2, on montre l'effet de ces bruits sur une image de synthèse. Nous y reviendrons plus en détails au chapitre 5, dans la partie test et simulation.

### 1.3.2 Flou

Le flou perçu dans une image est une forme particulière de bruit, qui altère directement les contours et rend les détails de l'image difficilement discernables.

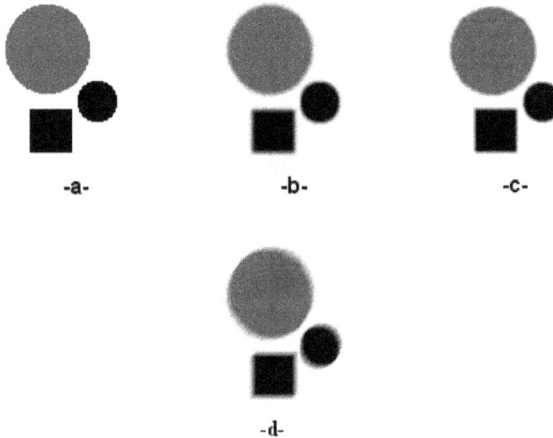

-a-                    -b-                    -c-

-d-

**Figure 1-3** Effet de différents types de flou sur une image de synthèse, -a- image originale, -b- dégradation avec flou gaussien de taille 5x5, $\sigma = 1.5$, -c- flou de défocalisation de taille= 3x3, -d- flou de mouvement 5x5, sous un angle de 45° .

En pratique, on modélise le flou par des filtres à réponse impulsionnelle finie (RIF) 2D, qui présente l'avantage d'être toujours stable. Pour limiter le nombre des solutions ambiguës, on impose certaines conditions additionnelles: comme par exemple la non négativité et la normalisation des coefficients, tel que [Kun96]:

$$\sum_{(l,m)\in R_h} h(l,m) = 1 \tag{1-2}$$

Avec $R_h$ le support de h.

Cette condition permet de préserver la valeur moyenne de l'image. Par ailleurs, dans le domaine fréquentiel, la fonction de transfert 2D d'un tel filtre est donnée par :

$$H(u,v) = \sum_{n1=-N}^{N} \sum_{n2=-N}^{N} h(n_1, n_2) e^{-j(un_1 + vn_2)} \tag{1-3}$$

Avec u ,v : la fréquence respectivement ligne et colonne de H(u,v); $h(n_1,n_2)$ : coefficients du filtre dans le domaine spatiale.

Parmi les types de flou les plus courants, on peut citer [Ban97]:

- **Flou de mouvement** : Ce type de flou est causé par un mouvement relatif entre le dispositif d'enregistrement et la scène (figure 1.3 d). Il peut être dû à une translation, une rotation, un changement brusque d'échelle, ou à des combinaisons de ceux-ci. Une translation sur une longueur L et sous un angle Φ, peut être simulée par le filtre suivant :

$$h(n_1, n_2) = \begin{cases} \dfrac{1}{L} & si \sqrt{n_1^2 + n_2^2} \le \dfrac{L}{2} \, et \, \dfrac{n_1}{n_2} = -\tan\phi \\ 0 & ailleurs \end{cases} \tag{1-4}$$

Avec L : dénote la longueur de mouvement, défini par L=$v_{relative}$ $t_{exposition}$ , qui est le produit de la vélocité $v_{relative}$ par le temps d'exposition $t_{exposition}$ . Un filtre de bougé de taille 3x3 sous un angle Φ=45°, se présente comme suit :

$$h(n_1, n_2) = \begin{bmatrix} a_{11} & a_{12} & a_{13} \\ a_{21} & a_{22} & a_{23} \\ a_{31} & a_{32} & a_{33} \end{bmatrix} = \begin{bmatrix} 0 & 0.0754 & 0.1883 \\ 0.0754 & 0.3215 & 0.0754 \\ 0.1883 & 0.0754 & 0 \end{bmatrix} \qquad (1\text{-}5)$$

Sa réponse fréquentielle H(u,v) se déduit de (1.3), soit :

$$H(u,v) = a_{22} + 2a_{13}\cos(u-v) + 2a_{21}(\cos(u) + \cos(v)) \qquad (1\text{-}6)$$

La figure 1.4 montre le graphe d'une tel filtre ainsi que son spectre, pour un angle $\Phi=45°$ et L=16 pixels.

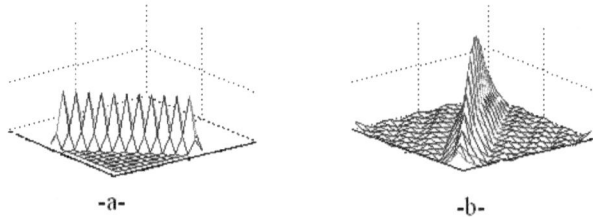

-a-                                    -b-

**Figure 1-4** Exemple de filtre de mouvement L=16, $\Phi=45°$, -a- Représentation spatiale, -b- Représentation fréquentielle

- **Flou de défocalisation** : Ce type de flou est du à un mauvais réglage de la lentille pour focaliser un objet (figure 1.3c). Dans ce cas, chaque point de la scène produit une tache en forme de carré sur l'image, qui est d'autant plus grande que la défocalisation est importante. On peut le simuler par un filtre Moyenneur tel que :

$$h(n_1, n_2) = \begin{cases} \dfrac{1}{\sum_{i,j \in S} b_{i,j}} [b_{i,j}] \\ 0 \text{ ailleurs} \end{cases} \qquad (1\text{-}7)$$

Avec $b_{i,j} = 1$ pour (i,j) appartenant au support S du filtre. Un filtre moyenneur de taille 3x3 se présente comme suit:

$$h(n_1, n_2) = \begin{bmatrix} a_{11} & a_{12} & a_{13} \\ a_{21} & a_{22} & a_{23} \\ a_{31} & a_{32} & a_{33} \end{bmatrix} = \frac{1}{9}\begin{bmatrix} 1 & 1 & 1 \\ 1 & 1 & 1 \\ 1 & 1 & 1 \end{bmatrix} \quad \text{(1-8)}$$

Sa réponse fréquentielle H(u,v) est telle que :

$$
\begin{aligned}
H(u,v) &= [a_{22} + 2a_{11}\cos(u+v) + 2a_{13}\cos(u-v) + 2a_{21}\cos(v) + 2a_{12}\cos(u)] \\
&= \frac{1}{9}(2\cos(u)+1)(2\cos(v)+1)
\end{aligned}
\quad \text{(1-9)}
$$

Sur la figure 1.5, on représente le graphe d'un tel filtre.

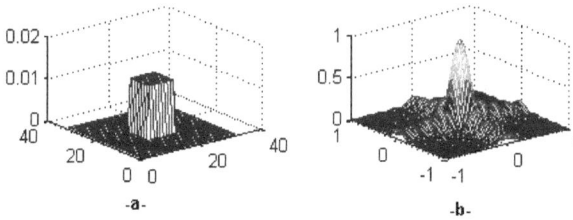

**Figure 1-5** Exemple de filtre moyenneur de taille 32x32, -a- Représentation spatiale, -b- Fréquentielle

- **Flou de turbulence atmosphérique:** Ce type de flou est induit par la turbulence atmosphérique qui affecte surtout des images de prise de vue aériennes ou astronomiques (figure 1.3b). Il est souvent simulé par un filtre gaussien:

$$h(n_1, n_2) = \frac{1}{2\pi\sigma_G^2}\exp(-\frac{n_1^2 + n_2^2}{2\sigma_G^2}) \quad \text{(1-10)}$$

Un filtre gaussien de taille 3x3 avec $\sigma_G = 1$, se présente comme suit:

$$h(n_1,n_2) = \begin{bmatrix} a_{11} & a_{12} & a_{13} \\ a_{21} & a_{22} & a_{23} \\ a_{31} & a_{32} & a_{33} \end{bmatrix} = \begin{bmatrix} 0.0751 & 0.1238 & 0.0751 \\ 0.1238 & 0.2042 & 0.1238 \\ 0.0751 & 0.1238 & 0.0751 \end{bmatrix} \qquad (1\text{-}11)$$

Sa réponse fréquentielle :

$$H(u,v) = a_{22} + 4a_{11}\cos(u)\cos(v) + 2a_{12}(\cos(u) + \cos(v)) \qquad (1\text{-}12)$$

Le graphe d'un tel filtre est représenté sur la figure 1.6.

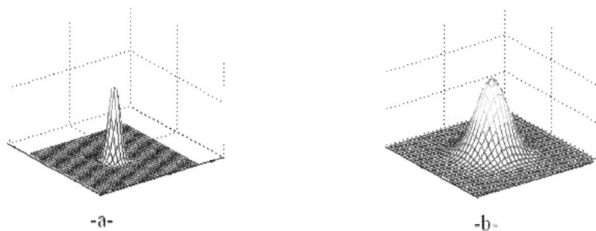

-a-                                        -b-

**Figure 1-6** Exemple de filtre Gaussien (32x32 , $\sigma_G$=1.5) -a- Représentation spatiale, -b-
Fréquentielle

Il est à noter que tous ces filtres mentionnés, ont un module |H(u,v)| qui tend vers 1 à
proximité des fréquences (u,v) ≈ (0,0). Autrement dit, ils laissent passer les basses
fréquences du signal et bloquent les hautes fréquences. Par conséquent, les contours de
l'image, qui se traduisent par les hautes fréquences, vont être altérés, conduisant ainsi au
flou.

## 1.4 Formulation du problème de la restauration

Dans la section précédente, nous avons exposé les différents types de dégradation qui affectent et conditionnent la qualité de l'image. Nous allons, maintenant, tenter de modéliser le problème de la restauration en adoptant une approche analytique (dans le cas continu) et une approche algébrique (dans le cas discret). Nous discutons également du problème de l'inversion et des difficultés sous-jacentes.

### 1.4.1 Modèle analytique

Dans le domaine de la restauration d'images, l'équation générale décrivant la formation et la dégradation d'une image est donnée par [Cas96] [Gon02]:

$$g(x,y) = \int\limits_{-\infty}^{+\infty} \int\limits_{-\infty}^{+\infty} h(x,y,x_1,y_1,f(x_1,y_1))dx_1dx_2 + n(x,y) \qquad (1\text{-}13)$$

Avec : $g(x,y)$ : image dégradée, $f(x,y)$ : image originale, $n(x,y)$ : bruit additif, et $h(.)$ : opérateur qui caractérise le système d'imagerie.

Le problème de la restauration consiste alors à résoudre cette équation intégrale en terme de $f(x,y)$. Toutefois, sa résolution n'est pas aussi évidente et exige certaines hypothèses de linéarité. On peut établir pour $h(.)$ les hypothèses suivants :

- $h(.)$ est un scalaire multiplicatif qui pondère $f(x,y)$, soit :$h(x,y,f(x_1,y_1)) = h(x,y,x_1,y_1) f(x_1,y_1)$ ;

- $h(.)$ est invariant dans l'espace, sa position ne dépend que des distances $x\text{-}x_1$ et $y\text{-}y_1$, soit :  $h(x,y,x_1,y_1) = h(x\text{-}x_1,y\text{-}y_1)$ .

Moyennant ces hypothèses, l'équation (1.13) s'écrit alors :

$$g(x,y) = \int\limits_{-\infty}^{+\infty} \int\limits_{-\infty}^{+\infty} h(x-x_1,y-y_1)f(x_1,y_1)dx_1dx_2 + n(x,y) \qquad (1\text{-}14)$$

Ou encore :

$$g(x,y) = h(x,y) * f(x,y) + n(x,y) \qquad (1\text{-}15)$$

Avec * : désigne l'opérateur de convolution

Cette équation traduit un processus de convolution 2D entre la fonction image f(x,y) et la fonction de dégradation du système h(x,y) appelée aussi : "Fonction d'Etalement de Point" ou encore PSF en anglais. Donc, le processus de dégradation de l'image peut être modélisé par un système linéaire et invariant dans l'espace (SLI), comme le schématise la figure 1.7. Ainsi, retrouver l'image f(x,y) ou la PSF h(x,y) à partir de l'image dégradée g(x,y) est une opération de déconvolution.

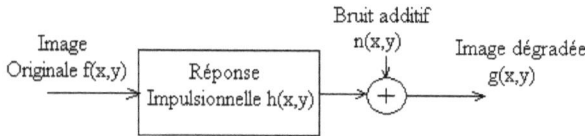

**Figure 1-7** Modèle de dégradation de l'image

Ce modèle est à l'origine de tout problème de restauration. Dans le domaine des communications numériques, et en particulier en transmission d'images [Bou04], on pourrait associer f(x,y) à la source (émission du signal), g(x,y) au destinataire (réception du signal), et h(x,y) au canal de transmission.

En générale, la résolution de l'équation (1.14) connue sous le nom de l'intégrale de Fredholm, ne permet pas d'obtenir une solution acceptable du problème, en raison de son caractère mal-posé. On rappelle qu'un problème mal posé au sens de Hadamard [Had23], s'il ne vérifie pas l'une des trois conditions à savoir : l'existence, l'unicité et la stabilité de la solution. Car même lorsque la solution existe et est unique, le problème de la stabilité demeure incertain: il suffit d'une petite erreur sur les données (due au bruit), pour entraîner une forte incertitude sur la solution. Par ailleurs, le traitement dans le domaine de Fourier de l'équation (1.15) apporte plus de flexibilité dans sa résolution, soit:

$$G(u,v) = H(u,v)F(u,v) + N(u,v) \qquad \textbf{(1-16)}$$

En divisant par H(u,v), on peut en déduire F(u,v) :

$$F(u,v) = \frac{G(u,v)}{H(u,v)} - \frac{N(u,v)}{H(u,v)} \qquad \text{(1-17)}$$

Cette équation s'identifie à la méthode du filtre inverse. Comme nous le verrons par la suite, la solution est loin d'être trivial en raison de la présence du bruit. En effet, le rapport $N(u,v)/H(u,v)$ risque de tendre vers l'infini pour des valeurs de $H(u,v)$ avoisinant le zéro.

### 1.4.2 Modèle algébrique

La résolution effective de l'équation intégrale (1.14), impose une discrétisation de celle-ci, que nous pouvons écrire comme suit [Pra91] :

$$g(i,j) = \sum_{m=0}^{K-1}\sum_{n=0}^{L-1} h(i-m, j-n)f(m,n) + n(i,j) \qquad \text{(1-18)}$$
$$= (\text{h} * \text{f})(i,j) + n(i,j)$$

Avec : g, f et n de taille M x N, et h de taille K x L (avec KxL < MxN) :

Bien évidement, nous supposons que ces signaux sont échantillonnés conformément aux recommandations de Shannon [Duv94]. Rappelons que les problèmes posés par l'échantillonnage des signaux 1D, s'appliquent d'une façon similaire dans le cas des signaux 2D [Gon02]. L'équation (1.18) conduit, alors, à un système d'équations linéaires de MxN inconnus (i.e. taille de f). En faisant appel à la théorie de l'algèbre linéaire [Dan88], un système d'équations linéaires peut se mettre sous la forme matricielle suivante :

$$\text{g} = \text{Hf} + \text{n} \qquad \text{(1-19)}$$

Avec **g, f, n :** vecteurs de taille MxN par 1 ; et **H** : opérateur de transformation (déduit de h(i,j)) qui est une matrice de taille MxM par NxN.

Les vecteurs **g, f, n** sont associés aux matrices images g, f et n, par la mise bout à bout des lignes de chacune des matrices, soit pour f (idem pour g et n):

$$f(i,j) = \mathbf{f}(i.m + j) \quad pour\,(i,j) \in [1,N]x[1,M] \tag{1-20}$$

Ceci nous conduit à réécrire les matrices images sous la forme vectorielle explicite suivante :

$$\mathbf{g} = \begin{bmatrix} g(0,0) \\ \vdots \\ g(0,N-1) \\ g(1,0) \\ \vdots \\ g(1,N-1) \\ \vdots \\ g(M-1,0) \\ \vdots \\ g(M-1,N-1) \end{bmatrix}_{MNx1} \quad \mathbf{f} = \begin{bmatrix} f(0,0) \\ \vdots \\ f(0,N-1) \\ f(1,0) \\ \vdots \\ f(1,N-1) \\ \vdots \\ f(M-1,0) \\ \vdots \\ f(M-1,N-1) \end{bmatrix}_{MNx1} \quad \mathbf{n} = \begin{bmatrix} n(0,0) \\ \vdots \\ n(0,N-1) \\ n(1,0) \\ \vdots \\ n(1,N-1) \\ \vdots \\ n(M-1,0) \\ \vdots \\ n(M-1,N-1) \end{bmatrix}_{MNx1} \tag{1-21}$$

L'opérateur de transformation **H** se met sous la forme :

$$\mathbf{H} = \begin{bmatrix} \mathbf{H}_0 & \mathbf{H}_{M-1} & \mathbf{H}_{M-2} & \cdots & \mathbf{H}_1 \\ \mathbf{H}_1 & \mathbf{H}_0 & \mathbf{H}_{M-1} & \cdots & \mathbf{H}_2 \\ \vdots & \vdots & \vdots & \ddots & \vdots \\ \mathbf{H}_{M-1} & \mathbf{H}_{M-2} & \mathbf{H}_{M-3} & \cdots & \mathbf{H}_0 \end{bmatrix}_{MNxMN} \tag{1-22}$$

On dit que la matrice **H** est circulante par bloc et chaque élément $\mathbf{H_i}$ est lui-même une matrice circulante de taille NxN, soit :

$$\mathbf{H}_i = \begin{bmatrix} h(i,0) & h(i,N-1) & h(i,N-2) & \cdots & h(i,1) \\ h(i,1) & h(i,0) & h(i,N-1) & \cdots & h(i,2) \\ \vdots & \vdots & \vdots & \ddots & \vdots \\ h(i,N-1) & h(i,N-2) & h(i,N-3) & \cdots & h(i,0) \end{bmatrix}_{NxN} \tag{1-23}$$

Cependant, l'opérateur **H** peut conduire à une matrice de très grandes dimensions, ce qui rend le problème plus compliqué à mettre en œuvre.

En effet, pour une image de taille 128 x 128, par exemple, **H** aura une taille de $128^2 \times 128^2$ soit environ 16000x16000. De plus, la résolution algébrique de l'équation (1.19) conduit à trois possibilités :

- Si M=N (autant d'équations que d'inconnues) et **H** inversible, alors une solution unique existe, il suffit d'inverser la matrice **H**.

- Si M<N (moins d'équations que d'inconnues), le problème est sous déterminé avec une infinité de solutions et il faudrait choisir la meilleure (ex: solution de norme minimale).

- Si M>N (plus d'équations que d'inconnues), le problème est surdéterminé avec de solution non exacte, mais on cherche quand même à définir une solution acceptable au sens des moindres carrés.

Par ailleurs, si **H** est une matrice circulante par bloc circulant, on démontre, alors, qu'elle est facilement diagonalisable et peut se mettre sous la forme [Gon02] :

$$\mathbf{H} = \mathbf{WDW}^{-1} \qquad\qquad\qquad \textbf{(1-24)}$$

Avec **W** : une matrice orthogonale composée par les éléments $W(m,n) = \exp(j2\Pi(mu/M+nv/N))$, et **D** une matrice diagonale formée des coefficients de la Transformée de Fourier Discrète (TFD) de **H** (valeurs propres). En remplaçant l'expression de **H** dans (1.24) et en multipliant par $\mathbf{W}^{-1}$, on obtient :

$$\mathbf{W}^{-1}\mathbf{g} = \mathbf{DW}^{-1}\mathbf{f} + \mathbf{W}^{-1}\mathbf{n} \qquad\qquad\qquad \textbf{(1-25)}$$

Le produit $\mathbf{W}^{-1}$ par les vecteurs **g** , **f** et **n**, n'est autre que la TFD 2D étalée sur une colonne (Cf. eq. (1.16)).

Ainsi, le traitement dans le domaine de Fourier permet d'éviter des calculs extrêmement lourds et d'économiser de l'espace mémoire.

### 1.4.3 Problème inverse de la restauration

Comme nous l'avons évoqué précédemment, le problème de la restauration est un problème inverse mal posé (figure 1.8), étant donné qu'il ne vérifie pas l'une des trois conditions à savoir: l'existence, l'unicité et la stabilité de la solution.

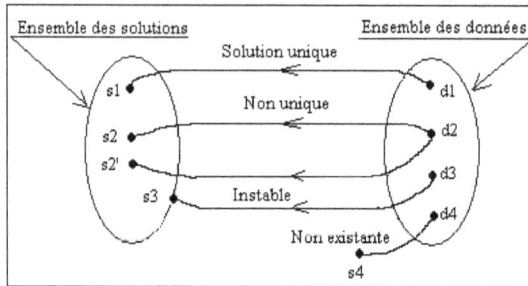

**Figure 1-8** Illustration d'un problème inverse mal posé, s1 : illustre une solution unique et stable pour un problème bien posé ; s2 , s2', s3, s4 : sont des cas de figure d'un problème inverse mal posé.

Pour illustrer le problème de la non unicité, reprenons l'équation (1.16) et faisons abstraction du bruit, ce qui conduit à :

$$G(u,v) = H(u,v)F(u,v) \qquad\qquad (1\text{-}26)$$

Pour des systèmes physiques H(u,v) décrit un système imageur à bande limitée et tend vers zéro en dehors d'un domaine borné des fréquences. D'après l'équation (1.26), le support de G(u,v) sera aussi le même que celui de H(u,v), ce qui a pour conséquence : une perte des données de F(u,v) (données incomplètes). Ainsi, plusieurs objets ayant une distribution spectrale identique sur cet intervalle borné, peuvent conduire à une même image dégradée. De ce fait la solution de l'équation (1.19) n'est pas unique.

De même, pour illustrer le problème de l'existence, il suffit d'examiner le rapport N(u,v)/H(u,v) de (1.16) qui conditionne l'existence de la solution. En effet, si H(u,v) est nulle pour certaines valeurs de u et v, ou encore il tend vers zéro plus rapidement que le bruit N(u,v), la solution pourrait ne pas exister. La non existence et le manque d'unicité sont donc étroitement liés et proviennent du fait que le système imageur ne transmet pas toute l'information sur l'objet. Il est donc nécessaire, comme nous le verrons par la suite, d'introduire des informations supplémentaires sur l'objet.

Le problème de l'instabilité, quant à lui, peut être illustré explicitement en utilisant certaines propriétés de l'opérateur **H** de (1.22) au travers de ses valeurs singulières. Le degré de stabilité peut être mesuré par la détermination du conditionnement de la matrice **H,** défini par la relation suivante [Han90] :

$$Cond(\mathbf{H}) = \left\| \mathbf{H}^{-1} \right\| \, \left\| \mathbf{H} \right\| = \frac{|\lambda_{max}|}{|\lambda_{min}|} \qquad (1\text{-}27)$$

Avec $|\lambda_{max}|$ et $|\lambda_{min}|$ sont les modules, respectivement, de la plus grande et de la plus petite valeur propre de **H**. Lorsque le conditionnement de **H** est voisin de 1 ($|\lambda_{max}| \approx |\lambda_{min}|$), la matrice **H** est dite bien conditionnée et conduit à une solution stable. En effet, une petite perturbation $\|\delta\mathbf{g}\|$ relative aux données $\|\mathbf{g}\|$, engendre une petite perturbation $\|\delta\mathbf{f}\|$ relative à $\|\mathbf{f}\|$. Et ceci conformément à l'équation suivante (démonstration en Annexe A1) :

$$\frac{\|\delta\mathbf{f}\|}{\|\mathbf{f}\|} \leq \frac{|\lambda_{max}|}{|\lambda_{min}|} \frac{\|\delta\mathbf{g}\|}{\|\mathbf{g}\|} \qquad (1\text{-}28)$$

En revanche, lorsque **H** est mal conditionné (($|\lambda_{min}| \ll |\lambda_{max}|$), le rapport $\|\delta\mathbf{f}\|/\|\mathbf{f}\|$ ne peut pas être borné par une constante de faible valeur, et $\|\delta\mathbf{f}\|$ peut être très grand à $\|\mathbf{f}\|$, rendant ainsi la solution instable.

A partir de ces résultats, on peut comprendre la difficulté à restaurer une image à partir de sa version dégradée qui dépend étroitement des propriétés spécifiques de la matrice **H**.

## 1.5  Méthodes directes de résolution

Dans cette section, nous allons passer en revue quelques méthodes dites directes fréquemment utilisées pour résoudre des problèmes linéaires simples sans contraintes. Les méthodes dites régularisées seront exposées dans le chapitre suivant. Pour ces méthodes, on s'intéresse au cas de la restauration supervisé et dans laquelle l'opérateur **H** est connu a priori.

### 1.5.1 Méthode par inversion directe

En l'absence de bruit, on peut accéder à la solution par simple inversion de la matrice **H**, qui est supposée être inversible:

$$\hat{f} = H^{-1}g \tag{1-29}$$

Mais malgré ceci, le problème d'instabilité subsiste lorsque **H** est mal conditionnée (Cf. eq(1.27)). Il faudrait donc exploiter les propriétés particulières de cette matrice, en la décomposant, par exemple, en valeurs singulières (SVD) [Han90][And76].

### 1.5.2 Méthode par Décomposition en Valeurs Singulières (SVD)

Une méthode bien connue en algèbre numérique est la décomposition en valeurs singulières (Singular Value Decomposition : SVD)  [Han90] [Kat89], qui s'énonce comme suit : toute matrice **A**, de taille MxN, de rang **r** peut être décomposée en une somme pondérée de matrices unitaires MxN par SVD. Ainsi, la matrice **H** peut être décomposée comme suit :

$$H = U \sum V^{T} \tag{1-30}$$

Où $\sum$ est une matrice dont les **r** premiers termes diagonaux non nuls sont les valeurs singulières de **H**. U et **V** sont des matrices unitaires orthonormées qui renferment les vecteurs propres de la matrice symétrique $H^{T}H$ ($H^{T}$ étant la matrice transposé de **H**).

### 1.5.3 Méthode par estimation des moindres carrés

Dans le cas où la matrice **H** est quelconque (non carrée) et le problème est surdéterminé (cas où M>N), il convient de rechercher une solution approchée en minimisant un critère d'écart entre les données **g** et l'objet reconstruit **Hf.** La distance euclidienne quadratique est souvent utilisée et la solution estimée est celle qui minimise le critère des moindres carrés suivant [Jai89]:

$$J(\hat{f}) = \left\| g - H\hat{f} \right\|^2 = (g - Hf)^T (g - Hf) \tag{1-31}$$

Outre sa simplicité de mise en œuvre, cette mesure euclidienne est aussi basée sur des considérations physiques et correspond au cas d'un bruit gaussien. La solution des moindres carrés de norme minimale peut être obtenue en calculant la dérivée (ou gradient) de J par rapport à **f** :

$$\frac{\partial J}{\partial f} = 0 = -2H^T (g - H\hat{f}) \tag{1-32}$$

Si **H^T H** est inversible, cela conduit à la solution formelle suivante:

$$\hat{f} = \left(H^T H\right)^{-1} H^T g \tag{1-33}$$

La simplicité apparente de cette écriture cache la difficulté d'inverser une matrice de grande dimension. En effet, comme nous l'avons évoqué précédemment, la taille de **H** augmente comme le carré de la taille de l'image. Par ailleurs, certaines méthodes plus générales utilisent des distances quadratiques pondérées:

$$J(\hat{f}) = \left\| g - H\hat{f} \right\|_U^2 = (g - Hf)^T U^{-1} (g - Hf) \tag{1-34}$$

Avec **U** : une matrice symétrique définie positive. Cette distance est un peu plus élaborée que la simple distance euclidienne, ce qui permet d'attribuer des pondérations différentes aux pixels de l'image. Toutefois, la mise en œuvre est un plus compliquée.

### 1.5.4 Méthodes itératives

Pour éviter les difficultés liées au calcul de l'inversion directe, il convient d'utiliser des méthodes itératives qui permettent de s'approcher de la solution désirée par une série d'itérations [Nag96][Kat89]. La forme itérative générale se présente comme suit :

$$x^{k+1} = x^k + \beta F(x^k) \tag{1-35}$$

Pour un choix judicieux de $\beta$ et de la fonction F, on peut accéder à une solution acceptable. Certaines méthodes bien connues en restauration d'images, découlent directement de cette équation générale, on peut citer [Kat89] :

- La méthode de Jacobi, avec $\beta$ une matrice diagonale
- La méthode de Gauss-Siedel, avec $\beta$ une matrice non diagonale
- La méthode de Van Citter, avec $\beta$ la matrice identité.
- La méthode de Landweber, avec $\beta$ un scalaire

Cette dernière est surtout appliquée dans le cas d'une résolution de la forme $H^T y = H^T H x$, et dans lequel la fonction F prend la forme : $F(x^k) = H^T y - H^T H x^k = H^T(y - H x^k)$. En substituant $f$ à la variable x de (1.35) et en supposant $\beta$ un scalaire, il ressort alors :

$$f^{k+1} = f^k + \beta H^T(g - H f^k) \tag{1-36}$$

Cette équation s'identifie à l'équation de Landweber, et dans laquelle le paramètre $\beta$ appartient à l'intervalle $[0, 2/|\lambda_{max}|^2]$, afin d'assurer la convergence, $|\lambda_{max}|$ étant le module de la plus grande valeur propre de $\mathbf{H}$. Les méthodes itératives ont l'avantage de présenter une mise en œuvre assez simple, mais pose le problème de la rapidité et de la convergence.

### 1.5.5 Méthodes de descente

Il s'agit d'une classe particulière de méthodes itératives, dans laquelle on minimise une fonctionnelle $J(x)$ à partir du concept des moindres carrés :

$$J(x) = \|y - Hx\|^2 \qquad (1\text{-}37)$$

Ces méthodes font partie des techniques d'optimisation. L'idée est de trouver le minimum en se plaçant en un point courant $x^k$, dont on connaît $J(x^k)$, et d'effectuer un déplacement dans une direction $d^k$, telle que localement, J diminue : $J(x^{k+1}) < J(x^k)$. L'algorithme itératif de descente est décrit par l'équation suivante :

$$x^{k+1} = x^k + \alpha^k d^k \qquad (1\text{-}38)$$

Ou $d^k$ représente une direction de descente à l'itération k, $\alpha^k$ est le pas que l'on fait dans cette direction appelé facteur de relaxation, qui peut être constant ou déterminé d'une façon optimale. Ces méthodes permettent d'atteindre un minimum local du problème. Dans le cas où $J(x)$ est convexe, le minimum local est confondu avec le minimum global. Les méthodes de descente couramment utilisées sont les méthodes de gradient, dans lesquelles la direction de descente s'oppose à celle du gradient, soit $d^k = -\nabla J(f)$. Par substitution, l'estimé s'écrit, alors :

$$f^{k+1} = f^k - \alpha \nabla J \qquad (1\text{-}39)$$

Notons que la méthode de Landweber (Cf. eq.1.36) est aussi une méthode de descente avec une direction $d^k = H^T(g\text{-}Hf) = -\nabla J$. A cette approche de descente, vient s'ajouter la méthode du gradient conjugué, qui utilise une forme composite du gradient comme direction de descente tel que $d^k = -\nabla J + \rho\, d^{k+1}$, où $\rho$ est un scalaire déterminé de sorte que $J(f)$ soit réduite le plus possible dans la direction $d^k$.

Ces méthodes itératives permettent de limiter l'instabilité du problème inverse et inspectent la solution de façon plus précise que lors d'un calcul en une seule opération ou en un seul bloc.

Bien entendu, toutes ces méthodes citées ne sont pas les seules, il existe d'autres approches de restauration très efficaces utilisant les techniques de réseaux de neurones artificiels [Zho88], des ondelettes [Sta94][Jal01], des modèles probabilistes [Cit92][Lag90a] et bien d'autres [Whi94][Lee80][Abr82][Mol01].

## 1.6 Conclusion

Dans ce chapitre, nous avons introduit le problème de la restauration dans sa généralité. Nous avons montré que le matériel mis en œuvre pour former l'image est loin d'être parfait et introduit souvent une dégradation qui se manifeste sous forme de bruit et de flou.

Le traitement simultané de ces deux types de dégradations, par filtrage linéaire classique est impossible. En effet, étant donné que le bruit se traduit par des fluctuations spatiales hautes fréquences, son élimination par un filtre passe-bas accentue la déformation des contours et rend l'image de plus en plus floue. En opposition, le flou est interprété comme étant des fluctuations basses fréquences, pour le supprimer, on a tendance à appliquer un filtre passe-haut, ce qui a pour conséquence d'amplifier le bruit. De ce fait, la restauration est indispensable pour apporter une solution satisfaisante au problème. Nous avons, donc, modélisé le processus de dégradation par des équations mathématiques linéaires faisant intervenir une équation de convolution entre l'image originale et le modèle du flou (PSF). Nous avons, également, montré que la simple inversion du processus n'est pas une tâche triviale, et qui conduit souvent à un résultat dominé par le bruit. La solution des moindres carrés bien que statistiquement sans biais, ne permet pas de conduire à une solution acceptable. De plus, si le bruit est à large bande spectrale, les composantes de l'image restaurée à des fréquences spatiales élevées, auront sans doute des amplitudes élevées. Ceci a pour conséquence de restituer une image bruitée. Toutes ces difficultés sont dues au fait que le problème de la restauration est un problème inverse mal posé.

De ce fait, il est nécessaire de mettre en œuvre de méthodes et de techniques capables de fournir une solution acceptable et suffisamment stable. Cette démarche s'intègre dans le cadre de la régularisation, que nous allons abordée plus en détail dans le chapitre suivant. L'idée est de contraindre la solution d'appartenir à un ensemble des contraintes physiquement acceptable, et ceci dans le but de diminuer l'influence du bruit.

# CHAPITRE 2

# CHAPITRE 2

*REGULARISATION DU PROBLEME INVERSE*

## 2.1  Introduction

Comme nous l'avons évoqué dans le chapitre précédent, le problème de la restauration est un problème inverse mal posé qui nécessite une régularisation. Le principe de la régularisation consiste à introduire des contraintes de lissage ou de douceur sur la solution afin de diminuer l'influence du bruit. Ce lissage doit être le minimum possible pour que l'image reste fidèle à l'objet de départ, mais suffisant pour rendre le problème bien posé. La figure 2.1 illustre ce principe.

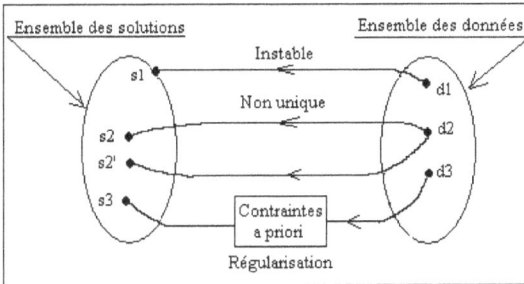

**Figure 2-1** Illustration de la régularisation, s1, s2, s2' : sont des solutions d'un problème non régularisé, s3 est une solution régularisée qui conduit à une solution unique et stable.

On effectue ainsi un compromis entre l'information contenue dans les données et celle connue a priori. Cependant, le problème de la  régularisation peut être traité d'une manière déterministe ou stochastique. Dans l'approche déterministe, on considère un objet déterministe auquel s'ajoute un bruit aléatoire. Dans la seconde,  on attribue à l'objet des caractéristiques stochastiques par le biais des densités de probabilité (PDF).

## 2.2 Approche déterministe de la régularisation

La méthode basée sur la décomposition par valeurs singulières tronquées (TSVD) [Han90], peut apporter une solution stable au problème de la restauration, car elle permet de supprimer le mauvais conditionnement du système par élimination des petites valeurs singulières de $\mathbf{H}$ (Cf. eq.(1.30)). Mais la difficulté réside dans le choix du nombre des valeurs singulières à conserver. En effet la décimation trop brutale de ces valeurs entraîne un effet de tramage visuel assez désagréable. De plus, cette méthode n'est pas très fiable en présence du bruit et ne convient pas dans le cas de la restauration aveugle qui suppose la non connaissance de $\mathbf{H}$.

Par ailleurs, les méthodes basées sur la minimisation d'un critère composite semble plus efficace et apporte plus de flexibilité à la solution. Le critère d'optimalité utilisé se présente comme suit [Kat89][Kar90] :

$$\mathbf{J}_{\lambda}(\mathbf{x}) = \mathbf{D}_1(\mathbf{x}, \mathbf{x}_0) + \lambda \mathbf{D}_2(\mathbf{x}, \mathbf{x}_{\infty}) \qquad (2\text{-}1)$$

Le premier terme, représenté par une distance $\mathbf{D}_1$ entre $\mathbf{x}$ et une solution non biaisée $\mathbf{x}_0$, traduit la fidélité aux données. Le second terme, représenté par une distance $\mathbf{D}_2$ entre $\mathbf{x}$ et une solution complètement lissée $\mathbf{x}_{\infty}$, renforce certaines propriétés souhaitables de l'objet. Le paramètre $\lambda$ est un coefficient de régularisation qui permet d'ajuster le compromis entre les deux termes. Le choix des distances $\mathbf{D}_1$ et $\mathbf{D}_2$ est qualitatif, alors que celui de $\lambda$, est un choix quantitatif. Dans le cas d'un bruit blanc gaussien, centré et indépendant de $\mathbf{x}$, la distance euclidienne quadratique est souvent un choix judicieux pour $\mathbf{D}_1$, soit :

$$\mathbf{D}_1(\mathbf{x}, \mathbf{x}_0) = \|\mathbf{x} - \mathbf{x}_0\|^2 \qquad (2\text{-}2)$$

Avec : $\|\mathbf{x} - \mathbf{x}_0\|^2 = (\mathbf{x}\text{-}\mathbf{x}_0)^{\mathrm{T}}(\mathbf{x}\text{-}\mathbf{x}_0)$

Pour la distance $\mathbf{D_2}$, le choix reste ouvert, on peut par exemple appliquer un opérateur de différentiation approprié L (ex : Laplacien), puis calculer la norme euclidienne de l'image résultante. Ce qui conduit à la forme quadratique suivante [Tik77] :

$$\mathbf{D_2}(x, x_\infty) = \left\| \mathbf{L}(x - x_\infty) \right\|^2 \qquad (2\text{-}3)$$

Par ailleurs, si les distances euclidiennes $\mathbf{D_1}$ et $\mathbf{D_2}$ sont bornées et appartiennent respectivement à des ensembles : $\mathbf{Q_\varepsilon} = \{ \ x \ / \ \mathbf{D_1} \leq \varepsilon^2 \ \}$ (ensemble de solutions) et $\mathbf{Q_c} = \{ \ x \ / \ \mathbf{D_2} \leq E^2 \ \}$ (ensemble de contraintes), alors l'idée de la régularisation consiste à forcer la solution d'appartenir à l'intersection de ces deux ensembles $\mathbf{Q_\varepsilon} \cap \mathbf{Q_c}$, comme le schématise la figure 2.2. Signalons, que si la valeur de $\lambda$ est assez grande, on favorisera les solutions complètement lissées. En revanche, si $\lambda$ est assez petit, on favorisera les solutions dominées par le bruit. Donc le compromis est atteint, pour la valeur de $\lambda$ égale à $\varepsilon^2 / E^2$ [Ban97].

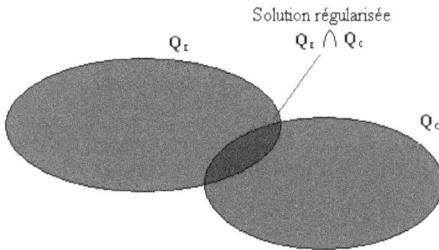

**Figure 2-2** Représentation graphique du concept de la régularisation, la solution régularisée appartient à l'intersection de ces deux ellipsoïdes $Q_\varepsilon$ et $Q_c$ .

Dans ce qui suit, nous allons passer en revue quelques méthodes basées sur le critère (2.1), comme par exemple : les moindres carrés sous contraintes, le filtre pseudo inverse, le filtre sous contrainte de lissage et la régularisation avec prise en compte des discontinuités.

### 2.2.1 Moindres carrés sous contraintes

Les méthodes des moindres carrés présentées au chapitre 1 (§1.5.3), peuvent être régularisées en contraignant la solution comme suit [Kat91a][Kat91b]:

$$\textbf{Minimiser } \|\mathbf{Qf}\|^2$$
$$\textbf{Sous la contrainte } \quad \|\mathbf{g} - \mathbf{Hf}\|^2 = \varepsilon^2 \qquad (2\text{-}4)$$

Avec : $\mathbf{Q}$ un opérateur linéaire sur $\mathbf{f}$, $\varepsilon$ : une estimation de la norme du bruit.
Ou encore :

$$\textbf{Minimiser} \quad \|\mathbf{g} - \mathbf{Hf}\|^2$$
$$\textbf{Sous la contrainte} \quad \|\mathbf{Qf}\|^2 = E^2 \qquad (2\text{-}5)$$

Cette approche introduit une flexibilité considérable dans le processus de la restauration car elle conduit à différentes solutions pour différent choix de $\mathbf{Q}$. L'équation (2.4) (idem pour (2.5)) peut être résolue sans difficulté en utilisant la méthode du multiplicateur de Lagrange [Gal92][Gon02]. Ce qui revient à établir le critère suivant :

$$\mathbf{J(f)} = \|\mathbf{Qf}\|^2 + \alpha\left(\|\mathbf{g} - \mathbf{Hf}\|^2 - \varepsilon^2\right) \qquad (2\text{-}6)$$

Où $\alpha$ une constante appelée multiplicateur de Lagrange.

Notons au passage, que le critère (2.1) peut être énoncé comme un problème de minimisation avec contrainte et dans lequel on cherche à minimiser $\mathbf{D_2}$ sous la contrainte $\mathbf{D_1}$. Cependant, chercher $\mathbf{f}$ qui minimise le critère (2.6), revient à annuler la dérivée de $\mathbf{J(f)}$ par rapport à $\mathbf{f}$, soit :

$$\frac{\partial \mathbf{J}}{\partial \mathbf{f}} = 2\mathbf{Q}^{\mathbf{T}}\mathbf{Qf} - 2\alpha\mathbf{H}^{\mathbf{T}}(\mathbf{g} - \mathbf{Hf}) = 0 \qquad (2\text{-}7)$$

Ce qui conduit algébriquement à la solution suivante :

$$\hat{\mathbf{f}} = (\mathbf{H}^{\mathbf{T}}\mathbf{H} + \gamma\mathbf{Q}^{\mathbf{T}}\mathbf{Q})^{-1}\mathbf{H}^{\mathbf{T}}\mathbf{g}$$
$$\hat{\mathbf{f}} = \mathbf{A}(\gamma)\mathbf{g} \qquad (2\text{-}8)$$

En posant $A(\gamma) = (H^T H + \gamma Q^T Q)^{-1} H^T$ et $\gamma = 1/\alpha$. Le paramètre $\gamma$ doit être ajusté de façon à ce que la contrainte soit satisfaite. La matrice $(H^T H + \gamma Q^T Q)$ qui nécessite une inversion, est maintenant plus conditionnée que la matrice $H^T H$, vue au chapitre 1 (Cf. eq(1.33)).

### 2.2.2 Filtre pseudo inverse

Le filtre pseudo inverse découle de l'équation (2.8), et ce, en substituant $Q^T Q$ par la matrice identité $I$, $Q^T Q = I$, soit :

$$\hat{f} = (H^T H + \gamma I)^{-1} H^T g \qquad (2\text{-}9)$$

L'implémentation équivalente dans le domaine de Fourier, conduit alors à:

$$\hat{F}(u,v) = \frac{H^*(u,v)}{|H(u,v)|^2 + \gamma} G(u,v) \qquad (2\text{-}10)$$

Ce filtre permet de remédier aux inconvénients du filtre inverse en présence du bruit. En effet, pour $\gamma=0$, on retrouve l'expression du filtre inverse (1.17), et pour $\gamma>0$, le dénominateur est strictement positive, évitant ainsi les singularités de H(u,v).

### 2.2.3 Filtre sous contrainte de lissage

Comme pour le filtre pseudo inverse, ce filtre découle également de l'équation (2.8), en posant $Q^T Q = L^T L$, où $L$ représente le filtre Laplacien (exprimé sous la forme Toeplitz) :

$$L = \begin{bmatrix} L_0 & L_{M-1} & L_{M-2} & \cdots & L_1 \\ L_1 & L_0 & L_{M-1} & \cdots & L_2 \\ \vdots & \vdots & \vdots & \ddots & \vdots \\ L_{M-1} & L_{M-2} & L_{M-3} & \cdots & L_0 \end{bmatrix}_{MN \, x MN} \qquad (2\text{-}11)$$

Avec, $L_i$ : masque Laplacien de taille MxN

La solution conduit, alors, à l'expression suivante :

$$\hat{f} = (H^T H + \gamma L^T L)^{-1} H^T g \qquad (2\text{-}12)$$

Dans le domaine de Fourier, cette équation devient :

$$\hat{F}(u,v) = \frac{H^*(u,v)}{|H(u,v)|^2 + \gamma |P(u,v)|^2} G(u,v) \qquad (2\text{-}13)$$

Avec : $P(u,v)$ la transformée de Fourier de l'opérateur **L** .

Comme nous le verrons par la suite, cette approche fait partie de la régularisation au sens de Tikhonov [Tik77], qui est à l'origine des méthodes déterministes de régularisation.

On peut également aborder ce problème par une approche variationnelle, et dans laquelle on cherche à minimiser une fonctionnelle d'énergie $J_\lambda$ suivante :

$$\mathbf{J}_\lambda(\mathbf{f}) = \int_\Omega (g - Hf)^2 d\Omega + \lambda \int_\Omega |\nabla f|^2 d\Omega \qquad (2\text{-}14)$$

Conformément à l'équation (2.1), cette fonctionnelle englobe deux termes : un premier terme qui attire la solution vers les moindres carrés (Cf. eq(1.31)), et un second terme qui régularise cette solution en minimisant la norme de sa dérivée. Toutefois, cette régularisation de nature linéaire, est suffisante pour la stabilisation du problème inverse en présence du bruit, mais non efficace pour la préservation des discontinuités (i.e. les contours).

## 2.2.4 Régularisation par introduction d'une fonction régularisante

Dans cette classe de régularisation, on cherche à introduire une fonction régularisante qui offre plus de flexibilité au problème. L'idée est d'introduire une fonction $\Phi(|\nabla f|)$ sur le terme de régularisation afin d'assurer, sous certaines conditions, un lissage adaptatif. Donc, la fonctionnelle à minimiser s'énonce comme suit [Der96]:

$$J_{\lambda}(f) = \int_{\Omega}(g - Hf)^2 d\Omega + \lambda \int_{\Omega} \Phi(|\nabla f|)d\Omega$$

$$= \|g - Hf\|^2 + \lambda \sum \phi(|\nabla f|)$$

(2-15)

La fonction $\Phi(|\nabla f|)$ est appelée fonction régularisante, qui peut être introduite sous diverses formes :

- pour $\Phi(|\nabla f|) = |\nabla f|^2$, on retrouve la régularisation quadratique de Tikhonov (Cf. eq(2.14)).

- Pour $\Phi(|\nabla f|) = |\nabla f|$, c'est la régularisation dite par Variation Totale (TV) [Rud92] ; qui est une régularisation moins pénalisante, car elle utilise la norme L1.

De nombreux travaux ont été effectués sur le terme de régularisation non quadratique [Aub97][Gem92], seul moyen d'éviter le lissage des contours en même temps que le bruit. Depuis quelques années, une classe de régularisation non linéaire très intéressantes est apparue, connue sous le nom : de régularisation anisotrope [Der96][You99][Bla98][Kor97].

Cette technique, basée sur un formalisme d'équations aux dérivées partielles (EDP) non linéaires, permet de s'adapter efficacement aux structures locales de l'image. Ce qui nous a encouragés à l'incorporer dans notre modèle de déconvolution.

## 2.3  Approche stochastique de la régularisation

La régularisation peut également être formulée en adoptant une approche stochastique. La modélisation probabiliste est un moyen commode et cohérent pour décrire une situation d'information incomplète. Dans un contexte bayésien, on attribue à l'objet des caractéristiques stochastiques par le biais d'une densité de probabilité a priori **P(f)**. A partir de cette hypothèse, la loi de Bayes fournit une relation entre les probabilités conditionnelles résultantes [Gem84][You96]:

$$P(f/g)P(g) = P(g/f)P(f)$$

(2-16)

Avec, **P(g/f)** : densité de probabilité a priori qui résulte de la connaissance du phénomène physique qui conduit de **f** à **g** ; **P(f/g)** : densité de probabilité a posteriori qui décrit les probabilités des objets de départs possibles **f** susceptibles d'aboutir à une image donnée **g** ; **P(f)** : densité de probabilité a priori de l'objet ; **P(g)** : densité de probabilité des données disponibles (supposée connue).

Le problème de la restauration revient alors, à chercher **f** connaissant **g**, ce qui nous amène à choisir entre deux estimateurs: Maximum de Vraisemblance (ML) et Maximum a posteriori (MAP).

### 2.3.1 Maximum de Vraisemblance (ML)

L'approche par ML ne nécessite aucune connaissance a priori sur **f** et choisit comme estimateur pour **f** celle qui est la plus consistante avec les données **g** [Lag90a]:

$$f_{ML} = \text{argmax } P(g/f) \tag{2-17}$$

La vraisemblance est d'autant plus élevée que la reconstruction de **f** s'ajuste aux données réelles et inversement une mauvaise estimation conduit à une faible valeur de vraisemblance. Dans le cas d'un bruit blanc gaussien centré et de variance $\sigma^2$, la densité de probabilité du bruit **n** s'écrit alors :

$$P(n) = \frac{1}{\sqrt{2\pi}\,\sigma} e^{-\frac{\|n\|^2}{2\sigma^2}} \tag{2-18}$$

Sachant **n=g-Hf** (Cf. eq(1.19)), **g** suit la même loi que **n**, mais centrée en **Hf**, soit :

$$P(g/f) = \frac{1}{\sqrt{2\pi}\,\sigma} e^{-\frac{\|g-Hf\|^2}{2\sigma^2}} \tag{2-19}$$

Maximiser **P(g/f)** où mieux encore **log(P(g/f))**, revient à minimiser l'expression:

$$\underset{f}{\text{Argmin}} \left\|g - Hf\right\|^2 \tag{2-20}$$

L'estimateur du ML est donc réduit à l'estimateur des moindres carrés (Cf. eq(1.31)). Cette estimation, bien que statistiquement soit sans biais, présente des instabilités en présence du bruit, car elle n'intègre pas de contraintes de régularisation et donc n'apporte pas de réponse satisfaisante au problème de l'instabilité et de l'unicité.

## 2.3.2  Maximum a Posteriori (MAP)

L'estimation par Maximum a Posteriori (MAP) a été introduite pour régulariser les méthodes basées sur l'estimation par Maximum de Vraisemblance (ML). Il s'agit de trouver **f** sachant que l'on connaît **g**, ce qui revient à maximiser **P(f/g)**. En utilisant le théorème de Bayes (2.16), l'estimateur MAP s'énonce comme suit [Hun77] [Dja92] :

$$f_{MAP} = \text{argmax} P(f/g) = \text{argmax} P(g/f) P(f) \qquad (2\text{-}21)$$

En appliquant le logarithme à l'expression (2.21), on obtient :

$$f_{MAP} = \text{argmax} \left[ \log(P(g/f)) + \log(P(f)) \right] \qquad (2\text{-}22)$$

Cependant, la vraisemblance **P(g/f)** peut être déterminée par la connaissance a priori de la nature du bruit (Cf. eq.(2.18)), mais la détermination de **P(f)** est plus délicate, car celle-ci doit traduire l'information dont on dispose sur la solution. L'introduction d'information a priori sur **f** est un élément essentiel de la régularisation qui permet de réduire l'instabilité causée par le bruit. Selon la nature du problème, diverses connaissances a priori peuvent être utilisées. Dans ce qui suit, nous allons passer en revue quelques méthodes stochastiques basées sur l'estimateur MAP, parmi lesquelles : le filtre de Wiener, le Maximum d'Entropie, les Champs de Markov et bien d'autres [Cit92][Bou93].

### 2.3.3 Régularisation par filtre de Wiener

Le filtre de Wiener est basé sur les statistiques de l'image et du bruit, considérés comme des variables aléatoires décrits par leur fonction d'auto-corrélation et d'inter-corrélation. Son utilisation impose des restrictions sur la nature de l'image et du bruit qui doivent être non corrélés, stationnaires (i.e. la moyenne E[f(x,y)]=cte), et suivent des distributions gaussiennes. Donc, on peut attribuer à l'a priori **P(f)** une distribution gaussienne de la forme :

$$P(\,f\,) = \frac{1}{\sqrt{2\pi}\,\sigma}\,e^{-\frac{\|f\|^2}{2\sigma^2}}$$

(2-23)

Sachant aussi que la vraisemblance **P(g/f)** suit la même loi gaussienne (Cf. eq.(2.19)). Par ailleurs, le filtre de Wiener est basé sur la minimisation de l'Erreur Quadratique Moyenne (MSE) entre l'image estimée et l'image originale [Jai89][Hil91], soit:

$$e = \mathrm{argmin}\, E\left[ \left\| \hat{f} - f \right\|^2 \right]$$

(2-24)

De là, on peut montrer que la solution finale se met sous la forme algébrique suivante :

$$\hat{f} = (H^T H + R_f^{-1} R_n)^{-1} H^T g$$

(2-25)

Avec : $R_f = E[ff^T]$ et $R_n = E[nn^T]$, les matrices de covariance respectivement de l'image et du bruit. Il est à noter, que ce résultat se ramène dans le cas déterministe, à l'équation générale (2.8) et ce, en posant $\gamma = 1$.

Dans le domaine de Fourier, cette équation prend la forme suivante :

$$\hat{F}(u,v) = \frac{H^*(u,v)}{|H(u,v)|^2 + \left[ S_n(u,v)/S_f(u,v) \right]} G(u,v)$$

(2-26)

Avec : $S_f(u,v)$, $S_n(u,v)$ représentent les densités spectrales respectivement de l'image et du bruit. On rappelle que la densité spectrale d'un processus stationnaire est donnée par la Transformée de Fourier de son auto-corrélation. Ce filtre n'est optimal (au sens de l'erreur quadratique) que si on dispose du rapport signal sur bruit décrit par $S_n(u,v)/S_f(u,v)$, qui est évidemment inconnue, étant donné qu'on ignore la densité spectrale $S_f(u,v)$ de l'image originale. En pratique, ce rapport est souvent remplacé par une constante, qui sera ajustée en conséquence pour une estimation optimale.

Cependant, cette régularisation de nature linéaire, ne permet pas de s'adapter efficacement aux structures locales de l'image (ex : discontinuités), et produit souvent des effets de tramage et des oscillations indésirables (oscillations de Gibbs) sur l'image restaurée.

### 2.3.4 Régularisation par Maximum d'Entropie

Le principe du maximum d'entropie permet d'attribuer de façon unique une loi de probabilité à partir des connaissances incomplètes dont on dispose. Si cette connaissance a priori se limite à une contrainte globale sur l'entropie de l'objet, la PDF de l'objet s'écrit alors [Dja92] :

$$P(f) = e^{(\lambda U(f))} \tag{2-27}$$

Avec U(f) donné par la relation :

$$U(f) = -\sum_i f_i \log f_i \tag{2-28}$$

$f_i$ : intensité de pixel i (i=1..NxN).

En remplaçant (2.19) et (2.27) dans (2.22), l'estimateur MAP conduit alors à :

$$f_{MAP} = \operatorname{argmin}\left[ \left\| g - Hf \right\|^2 + \lambda \sum_i f_i \log f_i \right] \tag{2-29}$$

Cette régularisation impose une contrainte globale sur toute l'image, par conséquent les discontinuités entre les régions, considérées comme des informations locales, ne seront pas bien rehaussées.

## 2.3.5  Régularisation par les Champs de Markov

Les Champs de Markov (MRF) forment une classe de modèles souples qui permettent d'imposer diverses contraintes (corrélation entre pixels voisins, pénalisation des configurations les moins probables, etc.). Pour un champ de Markov, la probabilité d'un point connaissant tous les autres ne dépend que des valeurs des points voisins. Une image **f**, d'intensité de pixel **f$_i$**, sera modélisée par un champ de Markov si et seulement si on a la relation suivante [Li95][Che93]:

$$\forall i \in S, P(f_i/f_j, i \neq j) = P(f_i/f_j, j \in N_i) \qquad (2\text{-}30)$$

Avec S={1...m} le site des pixels et N$_i$ le voisinage de i défini sur le maillage. Le théorème de Hammersley-Clifford permet d'attribuer à l'image **f** une distribution de Gibbs:

$$P(f) = \frac{e^{-U(f)}}{Z} \qquad (2\text{-}31)$$

Avec : **Z** une constante de normalisation, U(f) une fonction d'énergie, qui détermine le degré de corrélation entre les intensités de l'image. Si l'énergie U(f) est faible, alors **P(f)** a la plus grande probabilité d'apparition. Ainsi le choix spécifique de la fonction U(f) détermine la façon dont les pixels du voisinage sont associés à des probabilités plus ou moins fortes. Cette fonction d'énergie s'exprime sous la forme :

$$U(f) = \sum_{c \in C} \varphi_c(f) \qquad (2\text{-}32)$$

Avec : $\varphi_c(f)$ les fonctions potentielles définies sur un ensemble de cliques C (figure 2.3)[Bla87]. Les corrélations de type markovienne dépendent des caractéristiques des ensembles des cliques et de ces fonctions potentielles. Les fonctions potentielles qui sont minimales quand les pixels possèdent approximativement la même intensité (fortes corrélations), imposent une préférence de la densité de probabilité (PDF) a priori qui favorise des solutions lisses au problème.

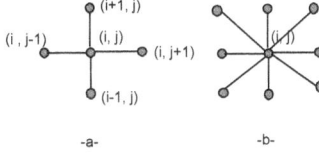

Figure 2-3 Exemple de voisinage:a- 4-connexité, b- 8-connexité

En exprimant dans (2.22) les modèles choisis pour **P(g/f)** et **P(f),** l'estimation au sens du MAP conduit alors à la solution suivante :

$$\mathbf{f}_{MAP} = \mathbf{argmin}\left[ \|\mathbf{g} - \mathbf{Hf}\|^2 + \lambda \sum_{c \in C} \varphi_c(\mathbf{f}) \right] \qquad (2\text{-}33)$$

Qui se ramène également à la minimisation d'une fonctionnelle d'énergie suivante :

$$\min_{f} \mathbf{J}_\lambda(\mathbf{f}) = \|\mathbf{g} - \mathbf{Hf}\|^2 + \lambda \sum_{c \in C} \varphi_c(\mathbf{f}) \qquad (2\text{-}34)$$

Cependant, afin de stabiliser la solution de (2.34), nous devons favoriser les solutions douces ou lisses via les fonctions potentielles $\varphi_c(f)$. Il est intéressant de constater que l'équation (2.15) établie dans un contexte déterministe, trouve son équivalence dans un formalisme markovien (2.34). Les fonctions potentielles $\varphi(f)$ sont, dans ce cas, équivalentes aux fonctions régularisantes $\Phi(|\nabla f|)$ utilisées dans (2.15). Autrement dit, minimiser un critère dans un contexte déterministe, revient à maximiser une densité de probabilité dans un cadre stochastique.


## 2.4   Choix du paramètre de régularisation

On rappelle que le paramètre de régularisation $\lambda$ dans l'équation (2.1), assure le compromis entre la fidélité aux données et la contrainte de douceur. Si on dispose d'une connaissance a priori sur les bornes de contraintes $\varepsilon^2$ et $E^2$ (Cf. eq.(2.4) et eq.(2.5)), alors le paramètre $\lambda$ pourrait être déterminé à partir du rapport $\varepsilon^2/E^2$. Cependant, ces bornes de contraintes ne sont pas toujours connues, et plusieurs travaux et méthodes ont été élaborés pour la détermination d'un choix optimal de $\lambda$ [Gal02][Ban97][Kan94]. Parmi les méthodes déterministes les plus connues, on peut citer : la méthode de la variance, la méthode de la Validation Croisée et la méthode de la courbe en L. Les méthodes stochastiques semblent efficaces, mais plus compliquées à mettre en œuvre [Jal01][Yan01].

### 2.4.1 Méthode de la Validation Croisée

Cette méthode utilise l'approche de la Validation Croisée (Cross Validation), largement utilisée dans le domaine de l'analyse des données statistiques [Gei75] [Ree90]. En pratique, on utilise la Validation Croisée Généralisée (GCV) et dans lequel la valeur optimale $\lambda$ est obtenue en utilisant la relation algébrique suivante [Ngu01] [Gal92]:

$$\lambda_{GCV} = \underset{\lambda}{\operatorname{argmin}} \ \frac{\left\| (I - HA(\lambda)g \right\|^2}{\left[ \operatorname{Trace}(I - HA(\lambda)) \right]^2} \tag{2-35}$$

Avec : $A(\lambda)$ définie dans (2.8) , et $I$ : la matrice identité.
Cette solution exige la connaissance a priori de l'opérateur $H$, et ne peut pas s'appliquer directement dans le cas de la déconvolution aveugle (car $H$ supposé inconnu).

### 2.4.2 Méthode de la Courbe en L

Cette méthode est basée sur une analyse graphique [Han93]. Elle consiste à représenter sur une échelle Log-Log, la norme de l'a priori versus la norme de la vraisemblance (attache aux données), et ce pour toutes les valeurs du paramètre $\lambda$. Généralement, la courbe obtenue, décrit la lettre L (figure 2.4,) ce qui justifie son nom.

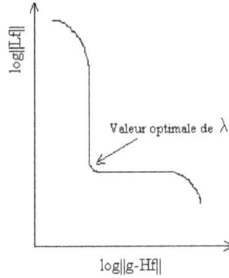

**Figure 2-4** Courbe en L pour le choix de $\lambda$

Cette courbe possède, en générale, un coude très marqué séparant les parties horizontale et verticale. La partie verticale de la courbe correspond aux solutions où l'a priori est très sensible à une légère variation du paramètre de régularisation. La partie horizontale de la courbe correspond aux solutions qui sont tellement filtrées. La valeur optimale pour $\lambda$ correspond à l'angle séparant la partie verticale de la partie horizontale de la courbe.

### 2.4.3 Méthode de la Variance

Cette méthode, très simple à mettre en œuvre, permet d'estimer approximativement le paramètre $\lambda$. Celle-ci exige la connaissance a priori de la variance du bruit, afin de pouvoir calculer le rapport Signal flou sur Bruit (BSNR), définie par [Kat91b][Ban97] :

$$BSNR = 10\log_{10}\left(\frac{Var(\mathbf{y})}{Var(\mathbf{n})}\right) = 10\log_{10}\left(\frac{Var(\mathbf{g})-Var(\mathbf{n})}{Var(\mathbf{n})}\right) \tag{2-36}$$

Avec : $\mathbf{y}=\mathbf{Hf}$ (image floue sans bruit), comme on a $\mathbf{g}=\mathbf{Hf}+\mathbf{n}=\mathbf{y}+\mathbf{n}$ (Cf. eq(1.19)), on en déduit $Var(\mathbf{y})=Var(\mathbf{g})-Var(\mathbf{n})$ .

Le paramètre $\lambda$ se déduit alors de la relation :

$$\lambda = \frac{1}{BSNR} \tag{2-37}$$

Nous verrons par la suite, comment intégrer cette méthode dans notre modèle de déconvolution.

## 2.5 Conclusion

Dans ce chapitre, nous avons mis en évidence le rôle fondamental de la régularisation pour la stabilisation du problème inverse mal posé de la restauration. L'idée de base de la régularisation est de renoncer à une solution exacte et de rechercher une solution approchée au problème compatible avec certaines informations a priori. Nous avons montré que l'approche déterministe et l'approche stochastique de la régularisation sont équivalentes, du fait que minimiser une fonctionnelle d'énergie en adoptant une approche déterministe, revient à maximiser une densité de probabilité dans le cas stochastique. Toutefois, une régularisation au sens Maximum a Posteriori (MAP) est plus cohérente qu'une régularisation au sens Maximum de Vraisemblance (ML), car elle offre l'avantage d'introduire des connaissances a priori sur la nature de l'objet.

Par ailleurs, nous avons montré que les méthodes de régularisation linéaires (déterministes où stochastiques), ne parviennent pas à régulariser correctement le problème inverse et altèrent le plus souvent les discontinuités de l'image. Donc, pour s'adapter efficacement aux structures locales de l'image et préserver les discontinuités, il faudrait avoir recours aux méthodes de régularisation dites non linéaires dont la plus connue est: la régularisation anisotrope, que nous allons exploiter dans l'élaboration de notre modèle de déconvolution.

Jusqu'à présent nous avons supposé la connaissance a priori du modèle de dégradation **H**. Or, dans la plupart des cas, **H** est inconnu et on a recours aux techniques de restauration dites non supervisées où aveugles, que nous allons aborder au chapitre suivant.

# CHAPITRE 3

# CHAPITRE 3

## *RESTAURATION PAR DECONVOLUTION AVEUGLE : ETAT DE L'ART*

### 3.1 Introduction

Les méthodes de restauration supervisée, qui supposent la connaissance a priori de la fonction de dégradation (PSF), ne conviennent pas dans plusieurs types d'applications en imagerie. De ce fait, la restauration non supervisée ou déconvolution aveugle (Blind deconvolution) a été introduite. Cette approche algorithmique combine à la fois l'identification du flou (i.e. PSF) et l'estimation de l'image originale (figure 3.1). Ce processus de déconvolution offre plus de flexibilité au problème de la restauration.

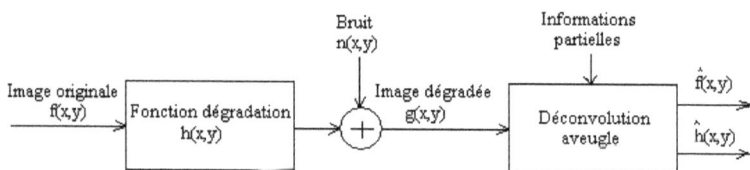

**Figure 3-1** Processus de déconvolution aveugle

Cette technique a débuté dans le domaine du traitement de signal 1-D, pour l'égalisation et l'identification des canaux de transmission [Hay91]. Elle a été ensuite transposée et adaptée au domaine du traitement d'images. La croissance accrue des calculateurs numériques assez puissants est pour une grande part dans le développement des techniques et des méthodes en déconvolution aveugle. Cependant, le problème de la déconvolution pose des difficultés d'ordre théorique et pratique. D'une part, on se retrouve avec un grand nombre d'inconnues, et d'autre part plusieurs solutions sont compatibles avec les données observées. De ce fait, le problème de la déconvolution aveugle est un problème inverse mal posé, et le défi posé réside dans la conception de techniques et de méthodes faisant preuve d'une grande fiabilité pour obtenir la meilleure qualité d'image possible.

Dans ce qui suit, nous allons passer en revue un état de l'art des différentes méthodes existantes dans le cadre de la déconvolution aveugle, ce qui permet de situer notre contribution et de pouvoir comparer nos résultats.

## 3.2 Méthodes existantes en déconvolution aveugle

Les méthodes et les techniques en déconvolution aveugle sont nombreuses et diversifiées. Elles s'appuient sur un ensemble d'outils mathématiques et algorithmiques, qui peuvent être combinés ensemble pour résoudre des problèmes spécifiques. Suivant la procédure d'estimation, ces méthodes peuvent être regroupées en deux classes : paramétriques et non paramétriques. Les méthodes paramétriques supposent la connaissance d'un modèle a priori de la PSF et tentent d'estimer les paramètres de celle-ci. Par opposition, les méthodes non paramétriques ne supposent aucun modèle a priori de la PSF et tentent d'identifier simultanément la PSF et l'image. La plupart de ces méthodes établissent le plus souvent, des contraintes additionnelles sur la PSF et l'image (support fini, non négativité, etc.), afin restreindre le nombre de solutions possibles. La figure 3.2 montre une classification possible de ces méthodes que nous allons passer en revue, tout en discutant leurs avantages et leurs limites.

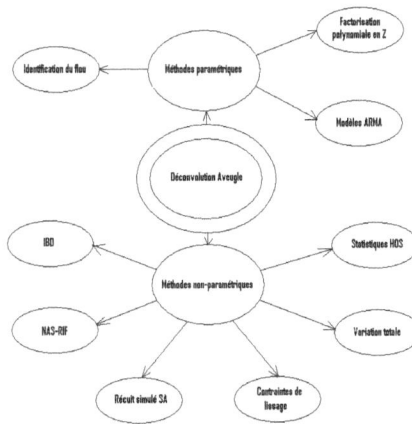

**Figure 3-2** Classification possible de quelques méthodes existantes en déconvolution aveugle

Récemment, d'autres méthodes et techniques sont apparues, impliquant le domaine 3D [Mig00], les approches stochastiques [Lik04] et bien d'autres [Lun04][Col04][Shi03].

## 3.3 Méthodes paramétriques

Comme nous l'avons évoqué, ces méthodes supposent la connaissance d'un modèle paramétrique de la PSF où de l'image et tentent d'estimer les paramètres correspondants. Parmi les méthodes existantes : méthodes par factorisation polynomiale en Z [Lan87], méthodes d'identification du flou (i.e. PSF) a priori [Cha91] et les méthodes ARMA [Lag90a].

### 3.3.1 Méthodes par factorisation polynomiale en Z

Ces méthodes utilisent les propriétés de la transformée en Z (TFZ) sur des dimensions supérieures à un. La théorie sous jacente est assez complexe et dépasse le cadre de notre étude. Néanmoins, nous devons retenir que si une image est formée par la convolution de deux où plusieurs composantes, alors sa TFZ est factorisable [Lan87] [Bat90]. En faisant abstraction au bruit, la TFZ appliquée à l'image dégradée g(x,y) (g=h*f), s'écrit :

$$G(z_1,z_2) = H(z_1,z_2) \ F(z_1,z_2) \qquad (3\text{-}1)$$

Avec : $G(z_1,z_2)$, $H(z_1,z_2)$, $F(z_1,z_2)$ représentent les TFZ resp. de g(x,y), h(x,y) et f(x,y)
Le problème de la déconvolution se ramène alors à une factorisation polynomiale en $z_1$ et $z_2$. Sur le plan applicatif, cette méthode est quasi inexploitable, surtout en présence du bruit et conduit à des calculs algorithmiques très complexes.

### 3.3.2 Méthodes d'identification du flou a priori

Ces méthodes sont basées sur l'identification des paramètres du flou (PSF) modélisé le plus souvent par des modèles mathématiques [Che05][Mar99]. Une fois la PSF identifiée, elle sera incorporée dans un critère d'optimalité pour tenter d'estimer l'image. Parmi les méthodes utilisées : la méthode du Cepstre (Cepstrum Method) [Cha91]. Le Cepstre est défini comme la Transformée de Fourier inverse du module d'un spectre. Son principe repose sur la correspondance des zéros de l'image dégradée g(x,y) et la PSF h(x,y) dans le domaine spectrale (G(u,v) et H(u,v)), qui se traduisent par des piques dans le plan cepstral. La figure 3.3 résume les étapes principales de cette méthode. Cette technique est très sollicitée dans le cas d'un flou provenant d'un mouvement caméra-objet où d'une aberration optique. Dans le cas, par exemple, d'un mouvement caméra-objet dans la direction horizontale de longueur 2d, la PSF h(x,y) prend la forme paramétrique suivante [Kun96] :

$$h(x,y) = \begin{cases} 0 & y \neq 0 \quad -\infty \leq x \leq \infty \\ \dfrac{1}{2d} & y = 0 \quad -d \leq x \leq d \end{cases} \qquad \text{(3-2)}$$

Dans le domaine de Fourier, cette PSF produit un sinus cardinal avec des zéros espacés de **1/d**. Il suffit donc, de localiser ces zéros sur le spectre de g(x,y) pour accéder au paramètre **d** de la PSF h(x,y). Dans le plan cepstral, ces zéros vont donner lieu à des piques espacés de **1/d**.

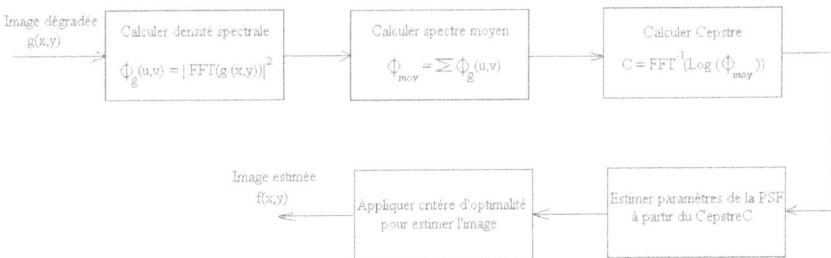

**Figure 3-3** Principe de la méthode du Cepstre

Une fois la PSF identifiée, l'image f(x,y) pourrait être estimée par l'une des méthodes de restauration supervisée (Wiener, Landweber, Van-Citter, méthodes itératives et autres). L'inconvénient majeur de cette méthode réside au fait, qu'en présence d'un bruit important, les zéros de H(u,v) seront forcément masqués et l'identification devient impossible. En outre, pour une PSF de forme gaussienne (cas de l'imagerie X et astronomique), cette méthode reste inefficace du fait que les zéros de H(u,v) sont inexistants.

### 3.3.3 Méthodes ARMA

Ces méthodes sont basées sur une approche statistique. L'idée est de modéliser l'image originale par un processus autorégressif (AR) 2-D et la PSF par une moyenne mobile (MA). L'image dégradée résultante forme alors un modèle ARMA. Il suffit d'identifier les paramètres ARMA pour accéder à une estimation de l'image et de la PSF. Ces méthodes se différencient les unes par rapport aux autres, par les techniques utilisées pour l'estimation des paramètres ARMA.

Les approches les plus utilisées sont : le Maximum de Vraisemblance (ML) [Lag90a], la Validation Croisée Généralisée (GCV) [Ree92][Ngu01], les Réseaux de Neurones [Cho91], et les statistiques d'ordre supérieur (HOS) [Nik91].

Le principe de la modélisation ARMA 2D consiste a attribué à l'image un modèle AR 2D, tel que [Kun96] :

$$f(x,y) = \sum_{\substack{(l,m)\in R_a \\ (l,m)\neq(0,0)}} a(l,m) f(x-l, y-m) + v(x,y) \qquad (3\text{-}3)$$

Avec : a(l,m) : les coefficients du modèle AR; f(x,y) : image originale ; et v(x,y) : bruit gaussien de moyenne nulle et caractérisé par sa matrice de covariance $Q_v$ (supposée statistiquement indépendante de f(x,y)).

Les coefficients {a(l,m)} ayant comme support $R_a$, sont choisis de façon à minimiser la variance $\sigma^2$ de v(x,y). En notation algébrique l'équation (3.3) conduit à :

$$\mathbf{f} = \mathbf{A}\mathbf{f} + \mathbf{v} \qquad (3\text{-}4)$$

Avec **A** : matrice englobant les coefficients a(l,m)

En combinant (3.4) avec (1.19), on obtient :

$$\mathbf{g} = \mathbf{H}(\mathbf{I} - \mathbf{A})^{-1}\mathbf{v} + \mathbf{n} \qquad (3\text{-}5)$$

Avec : I : la matrice identité. On rappelle : $\mathbf{g} = \mathbf{H}\mathbf{f} + \mathbf{n}$

Il en résulte alors le modèle ARMA complet présenté dans la figure 3.4. [Kun96].

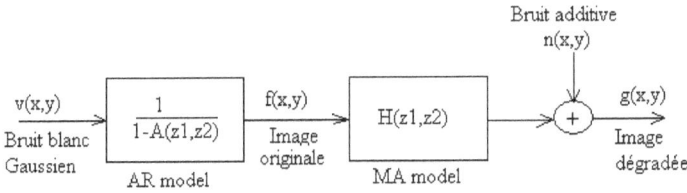

**Figure 3-4** Modèle ARMA de l'image dégradée

Le problème de la déconvolution est ainsi ramené à l'estimation des coefficients $a(l,m)$ de la matrice **A** et les coefficients $h(l,m)$ de **H**, à partir de l'image dégradée $g(x,y)$. Pour une image photographique, par exemple, ayant plusieurs zones homogènes, trois coefficients AR suffisent pour modéliser l'image $\{a(0,1), a(1,0), a(1,1)\}$.

Par ailleurs, l'approche du Maximum de Vraisemblance (ML) permet d'estimer: la PSF $h(l,m)$, la variance du bruit additive $\sigma_n^2$, ainsi que les coefficients $a(l,m)$ du modèle AR de l'image originale, soit l'ensemble des paramètres suivants $\theta = \{\{h(l,m)\},\{a(l,m)\}, \sigma_n^2 , \sigma_v^2\}$ à partir de $g(x,y)$. L'estimation par ML conduit à :

$$\hat{\theta}_{ml} = \arg\max_{\theta \in \Theta} \left\{ L(\theta) \right\} = \arg\max_{\theta \in \Theta} \left\{ \log p(g/\theta) \right\} \tag{3-6}$$

Avec $L(\theta)$ dénote la fonction Log-vraisemblance de $\theta$. On cherche, donc, l'ensemble $\theta$ qui maximise la probabilité d'avoir $g(x,y)$. Puisque **n** et $v$ sont supposés des processus Gaussien de moyenne nulle, alors $g(x,y)$ est aussi gaussien de moyenne nulle et sa PDF conditionnée par **f**, **H** et la covariance $Q_n$ s'écrit [Kun96] :

$$p(g/f, \mathbf{H}, \mathbf{Q}_n) = \frac{1}{\sqrt{2\pi^{N^2} \det|\mathbf{Q}_n|}} \exp\left[ \frac{-1}{2}(g - \mathbf{Hf})^T \mathbf{Q}_n^{-1}(g - \mathbf{Hf}) \right] \tag{3-7}$$

En outre la PDF de **f**, connaissant **A** et la covariance $Q_v$ est donnée par :

$$p(f/\mathbf{A}, \mathbf{Q}_v) = (\frac{\det|\mathbf{I} - \mathbf{A}|^2}{\sqrt{2\pi^{N^2} \det|\mathbf{Q}_v|}})^{1/2} \exp\left[ \frac{-1}{2} f^T (\mathbf{I} - \mathbf{A})^T \mathbf{Q}_v^{-1}(\mathbf{I} - \mathbf{A})f \right] \tag{3-8}$$

En supposant $Q_n = \sigma_n^2 I$ et $Q_v = \sigma_v^2 I$ et en combinant (3.7), (3.8), l'estimation par (ML) conduit à la relation suivante [Lag90a] :

$$\hat{\theta}_{ml} = \arg\min_{\theta \in \Theta} \left\{ \log(\det|\mathbf{P}|) + \mathbf{g}^T \mathbf{P}^{-1} \mathbf{g} \right\} \tag{3-9}$$

Avec, $\mathbf{P}$ : matrice de covariance de g, donnée par :

$$\mathbf{P} = \sigma_v^2 \mathbf{H}(\mathbf{I} - \mathbf{A})^{-1}(\mathbf{I} - \mathbf{A})^{-T}\mathbf{H}^T + \sigma_n^2 \mathbf{I} \qquad (3\text{-}10)$$

Cependant, le problème de décovolution est réduit à la minimisation de l'équation (3.9) par rapport à l'ensemble des paramètres θ. Il existe différentes implémentations pour résoudre ce problème d'optimisation non linéaire, comme par exemple la méthode du gradient, la technique de la Maximisation de l'Espérance (Expectation Maximization : EM) [Lag90b][Lay90], la technique de prédiction de l'erreur et les méthodes des moindres carrées. En dehors de l'approche ML, la technique de Validation Croisée Généralisée GCV, peut aussi être utilisée pour l'estimation des paramètres [Ree92].

Cependant, les difficultés que posent l'estimation de {a(l,m),h(l,m)} sont d'une part la complexité de calcul, d'autre part l'instabilité et la non unicité de la solution. En outre, le modèle AR n'est pas très fiable pour des images ayant des changements locaux très abrupts tels que les contours.

### 3.4 Méthodes non paramétriques

Les méthodes non paramétriques offrent plus de flexibilité au problème de la déconvolution, car elles permettent d'estimer simultanément la PSF et l'image sans l'adjonction d'un modèle a priori. Toutefois, elles imposent des contraintes déterministes sur l'image et la PSF (support fini, non négativité etc.). Parmi les méthodes existantes, on peut citer: la méthode Itérative de Déconvolution Aveugle (IBD) [Aye88] [Lan92], la méthode du Recuit Simulé (SA)[Cal90], la méthode de Filtrage Inverse Récursive avec Contraintes de Support Fini (NAS-RIF)[Kun98][Ong99], la méthode de Biggs-Lucy (BL) [Big98], les méthodes avec contraintes de lissage [Cha98] [You96].

### 3.4.1 Méthode Itérative de Déconvolution Aveugle (IBD)

Comme son nom l'indique, cette méthode s'appuie sur une procédure itérative qui alterne entre l'estimation du flou et l'estimation de l'image dans le domaine fréquentiel. La procédure itérative s'énonce comme suit [Aye88], à la $k^{ieme}$ itérations on a:

$$\hat{H}_k(u,v) = \frac{G(u,v)\hat{F}_{k-1}^*(u,v)}{\left|\hat{F}_{k-1}(u,v)\right|^2 + \alpha/\left|\hat{H}_{k-1}(u,v)\right|^2} \tag{3-11}$$

$$\hat{F}_k(u,v) = \frac{G(u,v)\hat{H}_{k-1}^*(u,v)}{\left|\hat{H}_{k-1}(u,v)\right|^2 + \alpha/\left|\hat{F}_{k-1}(u,v)\right|^2} \tag{3-12}$$

En fait, les équations (3.11) et (3.12) découlent de l'approche de Wiener (Cf. eq.(2.26)) et dans le quel le paramètre $\alpha$ représente la densité spectrale du bruit. Ce paramètre doit être ajusté afin de garantir une restauration optimale. Dans la figure-3.5, on présente la structure algorithmique de cette méthode.

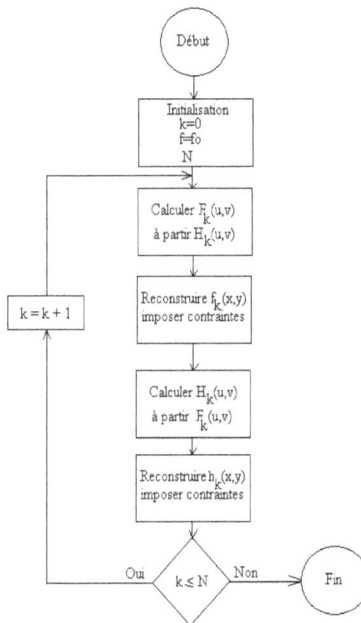

**Figure 3-5** Algorithme de IBD

Bien que cette méthode présente l'avantage d'être extrêmement rapide en temps de calcul, elle n'assure pas une convergence vers une solution stable, et produit souvent des oscillations de Gibbs près des discontinuités.

### 3.4.2 Méthode du Recuit Simulé (SA)

L'approche du recuit simulé (Simulated Annealing) est inspirée d'un processus chimique qui conduit certains systèmes vers leur état stable d'équilibre quand la température diminue progressivement. C'est une technique de relaxation stochastique utilisée dans plusieurs problèmes d'optimisation. Son principe repose sur la minimisation d'une fonction de coût suivante [Cal90]:

$$J(\hat{f},\hat{h}) = \sum_{\forall(x,y)} \left[ g(x,y) - \hat{f}(x,y) * \hat{h}(x,y) \right]^2 \tag{3-13}$$

La procédure algorithmique de cette approche se résume aux étapes suivantes :

1- Initialisation des paramètres : température T, nb itérations, énergie $J_{old}$

2- Attribuer des valeurs aléatoires aux variables f(x,y) et h(x,y)

3- Calculer $J_{new}$ à partir de (3.13)

4- Calculer $\Delta J = J_{new} - J_{old}$, .

- Si $\Delta J < 0$ alors on accepte les valeurs attribuées, car cette perturbation réduit l'énergie J.

- Si au contraire $\Delta J > 0$, (J tend à augmenter ), alors on accepte le changement avec une certaine probabilité $P = \exp(-\Delta J/T_k)$. Cette étape permet d'éviter de se piéger dans minimum local.

5- Diminuer la température $T_k$, et revenir à l'étape 2.

Cette méthode garantit une convergence vers un minimum globale, mais au détriment d'un temps de calcul énorme proportionnelle à la taille de l'image.

### 3.4.3 Méthode du Filtre Inverse Récursif (NAS-RIF)

La méthode du Filtre Inverse Récursif avec Contraintes de Support et Non-négativité (NAS-RIF) [Kun98], a été introduite comme une alternative pour surmonter le problème de convergence incluant la méthode IBD et la complexité de calcul du recuit simulé (SA). Cette méthode impose les contraintes de support fini et de non négativité. Son principe repose sur l'utilisation d'un filtre à réponse impulsionnelle fini (RIF) u(x,y), ayant comme entrée l'image dégradée g(x,y) (figure 3.6). L'estimée de f(x,y) (sortie du filtre) est projetée à travers un filtre non linéaire, qui permet d'imposer divers contraintes : support fini, énergie finie, non négativité et autres. La différence entre l'estimée f(x,y) et la projetée $f_{NL}(x,y)$ est utilisée comme signal d'erreur pour mettre à jour les coefficients du filtre RIF u(x,y).

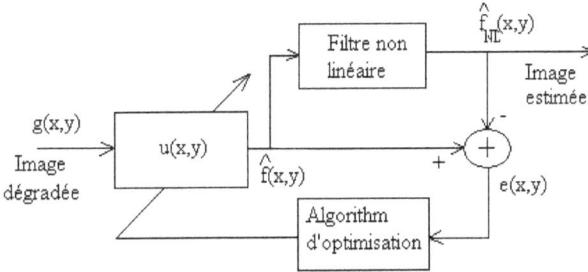

**Figure 3-6** Algorithme NAS-RIF

Dans le cas d'une contrainte de support fini $D_{sup}$, l'image projetée $f_{NL}(x,y)$ sera définie comme suit :

$$\hat{f}_{NL}(x,y) = \begin{cases} \hat{f}(x,y) \ pour \quad (x,y) \in D_{SUP} \\ L_B \qquad \quad Autrement \end{cases} \tag{3-14}$$

Ainsi, les pixels à l'intérieur du support restent inchangés, et ceux à l'extérieur du support seront affectés au fond de l'image $L_B$. Le critère à minimiser s'énonce comme suit :

$$J(u) = \sum_{\forall (x,y) \in \bar{Y}_{sup}} \hat{f}^2(x,y) \left[ \frac{1 - \text{sgn}(\hat{f}(x,y))}{2} \right] + \sum_{(x,y) \in \bar{Y}_{sup}} \left[ \hat{f}(x,y) - L_B \right]^2 + \gamma \left[ \sum_{\forall (x,y)} u(x,y) - 1 \right]^2 \tag{3-15}$$

Avec : f(x,y) = g(x,y)*u(x,y), sgn(f)=-1 si f<0 et sgn(f)=1 si f>0, $Y_{sup}$ dénote l'ensemble de tout les pixels à l'intérieur de la région du support, et $\bar{Y}_{sup}$ : l'ensemble de tout les pixels à l'extérieur du support. Le paramètre $\gamma$ est non nul, seulement si $L_B$ est nulle (i.e. couleur noir du fond). Le troisième terme est utilisé pour contraindre des solutions triviales. L'équation (3.15) est convexe à l'égard de la variable u(x,y), une routine par descente du gradient est suffisante pour garantir une solution optimale (Cf. §1.5.5).

Cette méthode offre plusieurs avantages : la simplicité d'implémentation, un temps de calcul relativement rapide, et la stabilité de la solution. Toutefois, elle reste limitée du fait que l'amplification du bruit n'est pas prise en compte explicitement.

### 3.4.4 Méthode basée sur les statistiques d'ordre supérieur (HOS)

Cette méthode est très sollicitée pour restaurer des images très texturées [Hay91][Nik91]. Elle présente la même structure algorithmique que le NAS-RIF, sauf qu'ici on cherche à minimiser une fonction de coût qui tient compte de la distribution statistique non gaussienne de l'image originale. L'image dégradée passe à travers un filtre RIF (figure 3.7), dont les paramètres sont mis à jour en utilisant un modèle des statistiques d'ordre supérieur (HOS) de l'image estimée (Moments d'ordre supérieur, Kurtosis, etc.).

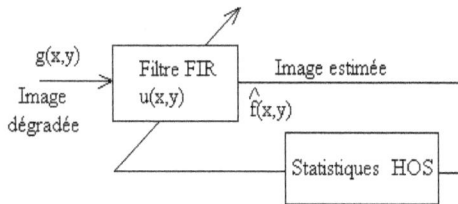

**Figure 3-7** Méthode basée sur les statistiques HOS

Le principal avantage de cette méthode réside au fait qu'elle peut identifier des PSF à phase non minimale et assez robuste vis-à-vis du bruit. Les limitations sont telles que l'image doit être modélisée d'une façon précise avec une distribution de probabilité non gaussienne et l'algorithme pourrait se piéger dans un minimum local.

### 3.4.5 Méthode de Biggs-Lucy (BL)

Cette méthode est très utilisée dans le cas d'une distribution Poissonnienne du bruit [Big98][Luc74][Fis95]. Comme pour la méthode IBD, cette méthode suit une procédure itérative, en alternant entre l'estimation de f(x,y) et l'estimation de h(x,y), soit à la $n^{ieme}$ itérations on a :

$$\hat{h}^{n+1}(x,y) = \frac{\hat{h}^{n}(x,y)}{\sum \hat{f}^{n}(x,y)} \left[ \hat{f}^{n}(-x,-y) * \frac{g(x,y)}{\hat{h}^{n}(x,y) * \hat{f}^{n}(x,y)} \right] \qquad \textbf{(3-16)}$$

$$\hat{f}^{n+1}(x,y) = \frac{\hat{f}^{n}(x,y)}{\sum \hat{h}^{n+1}(x,y)} \left[ \hat{h}^{n+1}(-x,-y) * \frac{g(x,y)}{\hat{h}^{n+1}(x,y) * \hat{f}^{n}(x,y)} \right] \qquad \textbf{(3-17)}$$

La limite majeure de cette méthode est l'induction des oscillations de Gibbs au niveau des discontinuités de l'image.

## 3.5   Méthodes de déconvolution avec contrainte de lissage

Il s'agit d'introduire des contraintes de douceur ou lissage sur la solution afin de mieux régulariser le problème (Cf. §2.2.4). L'idée est de minimiser une fonctionnelle d'énergie composée de deux termes, un terme qui traduit la vraisemblance (attache aux données) et un terme qui traduit la contrainte de lissage a priori (sur l'image ou sur la PSF). Parmi les méthodes les plus connues dans cette classe : méthode par régularisation de Tikhonov [You96], méthode par Variation Totale (TV) [Cha98].

### 3.5.1 Méthode par régularisation de Tikhonov

Cette méthode utilise la régularisation de Tikhonov (Cf. eq.(2.14)), et tente de minimiser la fonctionnelle d'énergie à deux variables J(f, h) suivante [You96]:

$$J(\hat{f},\hat{h}) = \arg\min_{f,h} \left[ \left\| g(x,y) - \hat{h}(x,y) * \hat{f}(x,y) \right\|^2 + \lambda \left| \nabla \hat{f} \right|^2 + \gamma \left| \nabla \hat{h} \right|^2 \right] \qquad \textbf{(3-18)}$$

Avec a(x,y) et c(x,y) des opérateurs de régularisation (i.e : Laplacien).

Les paramètres de régularisation $\lambda$ et $\gamma$ contrôlent le compromis entre la fidélité aux données (premier terme) et le lissage qu'on peut avoir sur l'image estimée et sur la PSF (deuxième et troisième termes). Pour optimiser une telle fonction, on procède à une minimisation par alternance (Alternating Minimization AM) [Cha98]. La limite majeure de cette méthode réside au fait qu'elle pénalise les discontinuités, à cause de la présence de la norme $L_2$ sur les termes de régularisation.

### 3.5.2 Méthode par Variation Totale (TV)

Cette méthode est une alternative de la méthode précédente, qui utilise une norme moins pénalisante qui est la norme $L_1$. Le critère à minimiser s'énonce comme suit [Cha98]:

$$J(\hat{f},\hat{h}) = \arg\min_{f,h}\left[\left\|g(x,y) - \hat{h}(x,y) * \hat{f}(x,y)\right\|^2 + \alpha_1\int_\Omega\left|\nabla\hat{f}\right|dxdy + \alpha_2\int_\Omega\left|\nabla\hat{h}\right|dxdy\right]$$  (3-19)

Cette fois ci on utilise la norme du gradient de l'image et de la PSF comme terme de régularisation. Comme pour la méthode précédente, la minimisation s'opère par alternance en maintenant à chaque cycle d'itérations l'une de variable constante jusqu'à atteindre un critère d'arrêt. Cette méthode régularise bien le problème, mais reste limitée dans le cas des images très bruitées et assez texturées.

### 3.6 Conclusion

A l'issue de cet état de l'art, il ressort que : certaines méthodes sont inexploitables en présence du bruit, d'autres exigent une PSF à phase minimale et reste clos sur des statistiques d'ordre deux. Les méthodes itératives opérant dans le domaine de Fourier, n'assurent pas une convergence stable et produisent des oscillations de Gibbs sur l'image restaurée. D'autres méthodes sont régularisées et imposent des contraintes assez fortes (norme $L_2$) sur l'image, ce qui altère les discontinuités. Pour les contraintes moins pénalisantes (norme $L_1$), l'application reste restreinte à des images moins bruitées.

En résumé, la plupart de ces méthodes ne parviennent pas à donner une solution satisfaisante, notamment à ce qui a trait à la préservation des discontinuités de l'image, et conduisent souvent à des solutions sous optimales. Ceci est du essentiellement au caractère mal posé du problème de la restauration qui nécessite une régularisation adéquate et robuste.

Dans le chapitre suivant, nous allons tenter d'apporter une solution au problème, en présentant une nouvelle approche de déconvolution aveugle non paramétrique basée sur la régularisation anisotrope. Cette approche permet non seulement de déconvoluer, mais aussi de s'adapter efficacement aux structures locales de l'image, permettant ainsi de préserver les discontinuités.

**CHAPITRE 4**

# CHAPITRE 4

## *DECONVOLUTION ANISOTROPE*

### 4.1 Introduction

La majorité des algorithmes présentés dans le cadre de la déconvolution, induisent souvent des effets d'oscillations (phénomène de Gibbs) et altèrent les discontinuités, du fait que les contraintes utilisées ne suffisent pas à régulariser correctement le problème inverse. Dans ce chapitre, nous allons présenter un nouveau modèle de déconvolution aveugle basé sur la régularisation anisotrope, et que nous avons baptisé : Déconvolution Anisotrope.

La régularisation anisotrope est introduite sous forme d'équations aux dérivées partielles (EDP) par le biais du concept de la diffusion anisotrope. L'idée de base de l'anisotropie consiste à introduire une forte diffusion dans les zones à faible gradient (i.e. zones homogènes de l'image), et une faible diffusion dans les zones à fort gradient (i.e. discontinuités), ce qui permet de s'adapter efficacement aux caractéristiques locales de l'image, en atténuant le bruit tout en préservant les discontinuités naturelles de l'image.

Signalons que l'introduction des EDP en traitement d'images est relativement récent et a fait l'objet de plusieurs travaux de recherche [Der96] [Bou04] [Tsc02] [Wei01]. Ses avantages résident au fait qu'elles permettent de traiter aisément de nombreux problèmes variationnels et non linéaires à travers des schémas de résolution numériques très efficaces.

Dans la première partie de ce chapitre, nous allons présenter le concept de la diffusion isotrope et anisotrope et son adaptation au traitement d'images. Ensuite, nous présentons la régularisation anisotrope et son application au problème de la déconvolution. Par la suite, nous établissons notre modèle de déconvolution anisotrope et nous discutons du choix de ses paramètres. Nous montrons également l'étendu de ce modèle dans le cas des images couleur. La partie expérimentation pour la validation de ces modèles sera exposée au dernier chapitre.

## 4.2  Concept de la diffusion

Le terme diffusion est un concept physique qui découle de la diffusion de la chaleur qui homogénéise la température des matériaux. La chaleur se diffuse d'un point à un autre et tend à se répartir uniformément au fur et à mesure que le temps s'écoule. Cette diffusion est dite isotrope caractérisée par l'équation de la chaleur unidimensionnelle 1D suivante [Arf85] :

$$\frac{\partial T(x,t)}{\partial t} = c\frac{\partial^2 T(x,t)}{\partial x^2} \qquad\qquad \textbf{(4-1)}$$

Avec c : coefficient de diffusion, T : la température.

L'une des premières idées a été d'établir une analogie entre le traitement d'images et la diffusion de la chaleur. Il s'agit de construire à partir d'une image $u_0(x,y)$, une nouvelle image plus lisse représentée par une nouvelle fonction u(x,y,t), la variable t est associée au degré de lissage. Au fur et à mesure que cette variable augmente, on fait diffuser de proche en proche les niveaux de gris de sorte que les aspérités de l'image diminuent, et l'on retrouve une image plus lisse et plus uniforme. A l'issue de cette idée, deux types de diffusion ont été introduites à savoir : la diffusion isotrope et la diffusion anisotrope.

### 4.2.1 Diffusion isotrope

Il s'agit de trouver une méthode de lissage qui consiste à imposer à une image u(x, y, t) d'obéir à la même équation que celle qui décrit la propagation de la chaleur (4.1). Par analogie, l'EDP appliquée au signal 2D (i.e. image), conduit alors à l'expression suivante:

$$\begin{cases} \dfrac{\partial u(x,y,t)}{\partial t} = \Delta u = div(\nabla u) = u_{xx} + u_{yy} \\ u(x,y,t=0) = u_0(x,y) \end{cases} \qquad\qquad \textbf{(4-2)}$$

Avec $\Delta u$ : Laplacien de u , div : divergence , $u_{xx} = \partial^2 u / \partial x^2$ , $u_{yy} = \partial^2 u / \partial y^2$ (dérivées secondes de u).

Cette équation linéaire parabolique traduit un processus de diffusion de l'intensité image autour des pixels voisins durant un temps t. Comme on s'intéresse au comportement par rapport aux contours de l'image, il convient d'observer cette EDP dans le repère local $(\eta , \xi)$, avec $\eta$ la direction du gradient $(\eta = \nabla u / |\nabla u|)$, $\xi$ la direction orthogonale $(\xi = \eta^{\perp})$.

Ainsi en notant $u_{\eta\eta}$ , $u_{\xi\xi}$ les dérivées secondes dans les directions correspondantes, sont exprimées par (Annexe B2) :

$$u_{\xi\xi} = \frac{\partial^2 u}{\partial \xi^2} = \frac{1}{|\nabla u|^2}(u_x^2 u_{yy} + u_y^2 u_{xx} - 2u_x u_y u_{xy})$$

$$u_{\eta\eta} = \frac{\partial^2 u}{\partial \eta^2} = \frac{1}{|\nabla u|^2}(u_x^2 u_{xx} + u_x^2 u_{yy} + 2u_x u_y u_{xy})$$

(4-3)

On en déduit pour (4.2) :

$$\begin{cases} \dfrac{\partial u(x,y,t)}{\partial t} = u_{xx} + u_{yy} = u_{\xi\xi} + u_{\eta\eta} \\ u(x,y,0) = u_0(x,y) \end{cases}$$

(4-4)

Il a été démontré [Koe84], qu'une convolution de l'image u(x,y,t) par un filtre gaussien de variance $\sigma^2=2t$, est solution unique de l'équation (4.4) (démonstration en Annexe B4). Cette convolution entraîne un processus de diffusion de l'intensité image autour des pixels voisins agissant uniformément dans toutes les directions, et ne possède aucune direction ni zone privilégiée. Dans des régions d'intensité homogène, ce processus permettra de réduire effectivement l'effet du bruit, mais dans des régions présentant des discontinuités, celles-ci seront lissées et le contraste visuel sera médiocre. Ce résultat est attendu puisque dans l'espace de Fourier, la réponse fréquentielle du filtre est passe-bas, ce qui conduit à un étouffement des hautes fréquences et par conséquent altère les contours. Pour surmonter ce problème, la diffusion anisotrope a été introduite.

### 4.2.2 Diffusion Anisotrope

Pour remédier aux problèmes issus des EDP linéaires conduisant à une diffusion isotrope, un autre modèle des EDP non linéaires a été introduit [Per90][Wei99]. L'idée est d'introduire une fonction $c(|\nabla u|)$ qui pondère le gradient de manière à contrôler la force de diffusion. Ceci se traduit par l'équation suivante :

$$\begin{cases} \dfrac{\partial u(x,y,t)}{\partial t} = div(c(|\nabla u(x,y,t)|)\nabla(u(x,y,t))) \\ u(x,y,0) = u_0(x,y) \end{cases} \qquad (4\text{-}5)$$

Dans le repère local $(\eta, \xi)$, cette équation peut se mettre sous la forme (voir Annexe B2):

$$\begin{cases} \dfrac{\partial u(x,y,t)}{\partial t} = c_\xi u_{\xi\xi} + c_\eta u_{\eta\eta} \\ u(x,y,0) = u_0(x,y) \end{cases} \qquad (4\text{-}6)$$

Avec : $c_\xi$, $c_\eta$ : les poids de diffusion, tels que $c_\xi = c(|\nabla u|)$ et $c_\eta = c'(|\nabla u|)|\nabla u| + c(|\nabla u|)$ (c' étant la dérivée de la fonction c).

Il en résulte que pour un contour $C=\{(x,y) ; u(x,y)=c\}$ d'une image $u(x,y)$ que nous avons représenté sur la figure 4.1, le vecteur $\eta$ est orienté perpendiculairement (i.e. direction du gradient), et le vecteur $\xi$ est orienté dans la direction tangentielle aux contours. L'ensemble $(\eta, \xi)$ constitue alors une base orthonormé mobile. Cependant, l'équation (4.6) peut être interprétée comme la coexistence de deux flux de chaleur 1D orientés, qui lissent l'image respectivement dans la direction $\eta$ du gradient avec un poids $c_\eta$, et dans la direction $\xi$ des isocontours avec un poids $c_\xi$. Au voisinage du contour C, l'image présente un gradient fort. Il est donc préférable d'encourager la diffusion dans la direction parallèle à C (i.e. suivant $\xi$) et non dans la direction du gradient, afin de mieux préserver cette discontinuité. Ceci revient, analytiquement, à annuler le poids de $u_{\eta\eta}$ (i.e $c_\eta = 0$), et de supposer constant celui de $u_{\xi\xi}$ (i.e $c_\xi = $cte). En revanche, dans les régions homogènes ($\{u(x,y) > c\} \cup \{ u(x,y) < c\}$), l'image présente un gradient faible. Il est, donc, préférable de diffuser dans toutes les directions, ce qui revient à fixer les poids de $u_{\eta\eta}$ et $u_{\xi\xi}$ à une constante (i.e. $c_\xi = c_\eta$=cte).

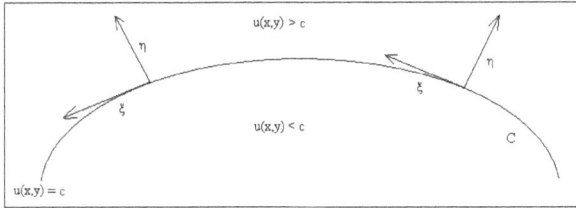

**Figure 4-1** Illustration d'un contour d'image sur une base orthonormé mobile $(\eta,\xi)$

Cette démarche devrait contribuer à atténuer le bruit dans les zones homogènes tout en préservant les discontinuités naturelles de l'image. Ce concept constitue l'ingrédient de base de la régularisation anisotrope.

## 4.3  Régularisation anisotrope

Comme nous l'avons évoqué au chapitre 2, la régularisation a été introduite dans le but de remédier à l'instabilité du problème inverse en présence du bruit. En particulier, la régularisation anisotrope est l'une des approches les plus prometteuses à considérer. Du fait de sa non linéarité, cette approche permet de s'adapter efficacement aux structures locales de l'image. Elle fait appel aux techniques du calcul variationnel et aux EDP, que nous allons établir formellement dans ce qui suit.

Considérons une image bruitée $f_{bruitée}$ et déterminons à partir de cette version dégradée l'image f originale. En terme de régularisation, ceci revient à minimiser une fonctionnelle J(f) (i.e. approche variationnelle) de la forme:

$$\min_f J(f) = \int_\Omega \phi(|\nabla f|) d\Omega$$
$$\hat{f} = \operatorname{argmin}_f (J(f))$$

(4-7)

La fonction $\Phi$ est une fonction croissante de R -> R, qui pénalise les gradients forts ; $\Omega$: dénote le support de l'image.

Minimiser l'équation (4.7) revient à résoudre l'EDP par le biais de l'équation d'Euler-Lagrange (Annexe B1) :

$$\nabla J = \frac{\partial J}{\partial f} - \operatorname{div}(\frac{\partial J}{\partial \nabla f}) = 0 \tag{4-8}$$

Pour éviter la difficulté de la résolution directe de cette équation, une méthode itérative par descente du gradient peut être utilisée. En partant d'une fonction initiale $f_{(t=0)}$ et en suivant la direction opposée du gradient de J(f), on peut atteindre un minimum local $f_{min}$ de J(f). En introduisant le paramètre t (temps de diffusion), on obtient :

$$\begin{cases} f_{(t=0)} = f_{bruitée} \\ \dfrac{\partial f}{\partial t} = -\nabla J = div(\dfrac{\phi'(|\nabla f|)}{|\nabla f|}\nabla f) \end{cases} \tag{4-9}$$

Avec: $\Phi'(|\nabla f|)$ : la dérivée de $\Phi(|\nabla f|)$ .

Il est à noter que le terme de divergence de l'équation (4.9) s'identifie facilement à celui établie en (4.5) et ce, en posant $c(|\nabla f|) = \Phi'(|\nabla f|)/|\nabla f|$. Toutefois, cette équation ne peut pas être utilisée directement dans un processus de débruitage, du fait que les données sont itérativement régularisées et des séquences d'images lissées $f_{(t)}$ sont générées au fur et à mesure que les itérations progressent. La figure 4.2, illustre ce processus dans le cas d'une image bruitée. On constate que le bruit est éliminé progressivement, mais les discontinuités (i.e. contours) sont agressées au fur et à mesure que le nombre d'itérations augmente et la solution converge vers une image uniforme sans aucune variation.

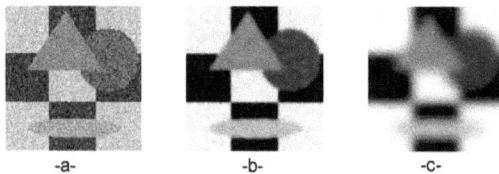

-a-                    -b-                    -c-

**Figure 4-2** Illustration de la diffusion isotrope –a- Image test bruitée, -b- Débruitage après 10 itérations,-c- Débruitage après 100 itérations

Cependant, pour remédier à cet inconvénient, on a souvent recours à une régularisation dite composite (Cf. §2.2), et dont la fonctionnelle à minimiser s'énonce comme suit :

$$\min_{f} J(f) = \frac{1}{2} \int_{\Omega} (g(x,y) - f(x,y))^2 d\Omega + \lambda \int_{\Omega} \phi(|\nabla f|) d\Omega \qquad (4\text{-}10)$$

Où $\lambda$ : paramètre de régularisation.

Comme nous l'avons évoqué au Chapitre 2, cette fonctionnelle est le siège de deux termes : un terme qui traduit l'attache aux données et un deuxième traduisant la régularisation représentée par la fonction $\Phi$. En utilisant la formule d'Euler-Lagrange, l'équation (4.10) conduit alors à:

$$\frac{\partial f(x,y)}{\partial t} = -\nabla J = (g(x,y) - f(x,y)) + \lambda \text{div}(\frac{\phi'(|\nabla f|)}{|\nabla f|} \nabla f) \qquad (4\text{-}11)$$

Les conditions aux limites de cette EDP correspondent au cas de la réflexion du signal image sur ses frontières.

**Figure 4-3** Illustration de la diffusion anisotrope -a- Image test bruitée, -b-
Débruitage après 100 itérations

Par rapport au cas non régularisé (Cf. eq.(4.9)), le résultat exhibé dans la figure 4.3, montre un lissage adaptatif, qui se traduit par une réduction notable du bruit dans les zones homogènes avec une excellente préservation des contours. D'où l'intérêt de la régularisation anisotrope que nous allons exploiter et l'incorporer dans notre modèle de déconvolution aveugle.

## 4.4  Déconvolution anisotrope

Dans cette section, nous allons tenter d'établir notre modèle de déconvolution aveugle à partir du concept de la régularisation anisotrope. Rappelons que la déconvolution aveugle permet d'estimer simultanément l'image et la PSF, à partir d'une image dégradée. Dans le cadre de la régularisation, cette déconvolution peut être posée en terme d'une minimisation d'une fonctionnelle d'énergie. En incorporant le modèle du flou h(x,y) dans (4.10), on obtient:

$$\min_{f,h} J_\lambda(\hat{f},\hat{h}) = \frac{1}{2}\int_\Omega (g(x,y) - \hat{f}(x,y)*\hat{h}(x,y))^2 d\Omega + \lambda \int_\Omega \phi\left(\left|\nabla \hat{f}\right|\right) d\Omega \qquad (4\text{-}12)$$

Cette nouvelle fonctionnelle est à deux variables, à savoir f et h. En fixant l'une des variables constante (f ou h) et en minimisant l'une par rapport à l'autre, on peut ainsi établir un système d'EDP suivant:

- Minimiser la fonctionnelle $J_\lambda$ par rapport à h (pour f fixe), $\min_h J_\lambda(f_{fixe}, h)$, soit :

$$\frac{\partial J_\lambda}{\partial h} = f(-x,-y)*(f(x,y)*h(x,y) - g(x,y)) = 0 \qquad (4\text{-}13)$$

- Minimiser la fonctionnelle $J_\lambda$ par rapport à f (pour h fixe), $\min_f J_\lambda(f, h_{fixe})$, soit :

$$\frac{\partial J_\lambda}{\partial f} = h(-x,-y)*(f(x,y)*h(x,y) - g(x,y)) - \lambda div(\frac{\phi'(|\nabla f|)\nabla f}{|\nabla f|}) = 0 \qquad (4\text{-}14)$$

Il est à noter que la fonctionnelle $J_\lambda(f_{fixe}, h)$ (resp. $J_\lambda(f, h_{fixe})$) est convexe à l'égard de l'une des deux variables f ou h. Alors que $J_\lambda(f, h)$ n'est pas forcément convexe.

Cependant, on peut déterminer les variables f et h par une minimisation alternante de la fonctionnelle $J_\lambda(f, h)$, qui se résume aux étapes suivantes :

- après initialisation de la variables $f = f^0$ (resp. $h^0$).
- on cherche $h^1$ pour $f^0$ fixe, soit $h^1 = \text{argmin}_h J_\lambda(f^0, h_{variable})$,
- ensuite, on cherche $f^1$ pour $h^1$ trouvée, soit $f^1 = \text{argmin}_f J_\lambda(f_{variable}, h^1)$,
- puis, on procède à l'itération suivante pour $h^2$ avec $f^1$ trouvée, soit $h^2 = \text{argmin}_h J_\lambda(f^1, h_{variable})$ et ainsi de suite...

On développe, ainsi, une minimisation par alternance dans laquelle la fonctionnelle $J_\lambda(f^n, h^n)$ décroît au fur et à mesure que les itérations n augmente jusqu'à atteindre un minimum global. Cependant, la résolution effective de (4.13) ne pose pas de difficulté majeure, une méthode itérative par descente du gradient (Cf.

eq.(1.36)) est suffisante pour apporter une solution. Soit en fixant f(x,y), on obtient à l'itération n+1 :

$$h^{n+1}(x,y) = h^n(x,y) + \mu[f(-x,-y)*(g(x,y) - f(x,y)*h^n(x,y))] \tag{4-15}$$

Le paramètre $\mu$ contrôle la vitesse de convergence. L'équivalence de cette équation dans le domaine de Fourier s'énonce comme suit :

$$H^{n+1}(u,v) = H^n(u,v) + \mu[F^*(u,v)(G(u,v) - F(u,v)H^n(u,v))] \tag{4-16}$$

On rappelle qu'un produit de convolution dans le domaine spatial se transforme en une simple multiplication dans le domaine fréquentiel. En l'occurrence, la résolution directe de l'équation (4.14) pose quelques difficultés à cause du terme de divergence. Toutefois, l'introduction d'une variable t dans cette équation, peut rendre la résolution plus aisée( Cf. eq.(4.11)), ce qui conduit à :

$$\frac{\partial f(x,y)}{\partial t} = [h(-x,-y)*(g(x,y) - f(x,y)*h(x,y)) + \lambda div(\frac{\phi'(|\nabla f|)\nabla f}{|\nabla f|})] \tag{4-17}$$

En substituant $\partial f(x,y,t)/\partial t$ par $(f^{n+1}-f^n)/\Delta t$, on obtient l'équation itérative suivante:

$$f^{n+1}(x,y) = f^n(x,y) + \Delta t[h(-x,-y)*(g(x,y) - f^n(x,y)*h(x,y)) + \lambda div(\frac{\phi'(|\nabla f^n|)\nabla f^n}{|\nabla f^n|})] \tag{4-18}$$

Cette équation s'exprime dans le repère local $(\eta , \xi)$ (Cf. eq(4.6)) par :

$$f^{n+1}(x,y) = f^n(x,y) + \Delta t[h(-x,-y)*(g(x,y) - f^n(x,y)*h(x,y)) + \lambda(c_\xi f_{\xi\xi} + c_\eta f_{\eta\eta})] \tag{4-19}$$

Avec :    $c_\xi = \Phi'(|\nabla f^n|)/(|\nabla f^n|)$ et $c_\eta = \Phi''(|\nabla f^n|)$ : les poids de diffusion dans les directions $f_{\xi\xi}$ et $f_{\eta\eta}$ qui dénotent les dérivées secondes de f. Le paramètre $\Delta t$ assure la stabilité numérique de l'EDP. Il est, généralement, compris entre $0 \leq \Delta t \leq 0.25$ [Sew88].

Cependant, la discrétisation du terme de divergence de (4.19), conduit alors à l'équation récurrente suivante (Annexe B3):

$$f^{n+1}(x,y) = f^n(x,y) + \Delta t[h(-x,-y)*(g(x,y) - f^n(x,y)*h(x,y)) + \lambda \sum_{p \in \eta s} c_{s,p} \nabla f_{s,p}^n] \tag{4-20}$$

Ainsi, en combinant les deux équations (4.15) et (4.18), on peut formuler un nouveau modèle de déconvolution aveugle. La procédure algorithmique de ce modèle est esquissée dans la figure 4.4.

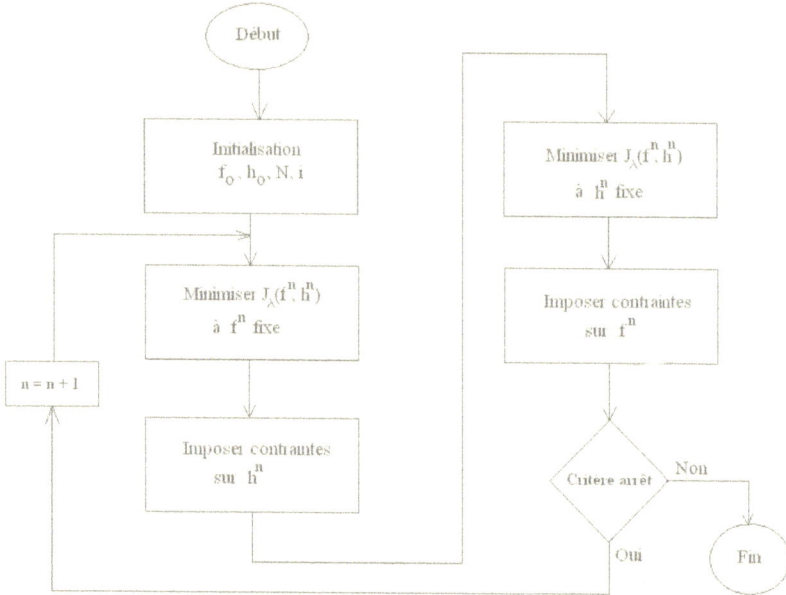

**Figure 4-4** Procédure algorithmique du modèle proposé

Les étapes essentielles de l'algorithme se résument à :

-E1- Initialisation des variables et des paramètres : $h^0(x,y)= \delta(x,y)$, $f^0(x,y)=g(x,y)$, $N_h$ (nb itérations max. sur h), $N_f$ (nb itérations max. sur f), $\mu$, $\Delta t$ ; s=0, k=0

- E2- Estimer la PSF $h^n(x,y)$ à partir de l'image $f^n(x,y)$ ; (itérer sur s ( $s \leq N_h$ )) :

$$h^{s+1}(x,y) = h^s(x,y) + \mu[f^n(-x,-y) * (g(x,y) - f^n(x,y) * h^s(x,y))] \qquad \textbf{(4-21)}$$

-E3- Imposer contraintes sur $h^n(x,y)$

- E4- Estimer l'image $f^n(x,y)$ à partir de $h^n(x,y)$ ; (itérer sur k ($k \leq N_f$ )):

$$f^{k+1}(x,y) = f^k(x,y) + \Delta t[h^n(-x,-y) * (g(x,y) - f^k(x,y) * h^n(x,y)) + \lambda div(\frac{\phi'(|\nabla f^k|)\nabla f^k}{|\nabla f^k|})] \textbf{(4-22)}$$

-E5- Imposer contraintes sur $f^n(x,y)$

-E6- Vérifier critère d'arrêt, donné par l'écart de l'image estimée entre l'itération n+1 et l'itération n, soit : $\frac{\|f^{n+1}-f^n\|^2}{\|f^n\|^2} < 10^{-3}$ ; sinon revenir à l'étape E2.

Les étapes E3 et E5 (relatives aux contraintes) sont nécessaires afin de restreindre le nombre de solutions. Parmi les contraintes imposées: la non négativité des pixels (les valeurs négatives ne correspondent pas à des signaux physiques) et le support fini pour la PSF ainsi que l'image, on a:

$$0 \leq \min \leq f(x,y) \leq \max \leq \infty \qquad (x,y) \in \Omega$$
$$0 \leq \min \leq h(x,y) \leq \max \leq \infty \qquad (x,y) \in D$$
(4-23)

Avec, $\Omega$ et D les supports respectivement de f(x,y) et h(x,y), (D < $\Omega$ ). De plus, afin de ne pas modifier la valeur moyenne de f(x,y), on impose aux coefficients de h(x,y) la condition supplémentaire suivante :

$$\sum_{n1,n2 \in D} h(n_1, n_2) = 1$$
(4-24)

Par ailleurs, le modèle proposé repose sur une fonction régularisante $\Phi(|\nabla f|)$ et des paramètres importants tels que : le paramètre de diffusion k et le paramètre de régularisation $\lambda$, dont le choix conditionne la qualité des résultats obtenus.

## 4.4.1 Choix de la fonction régularisante

La fonction régularisante $\Phi(|\nabla f|)$ du modèle assure un rôle déterminant dans le processus de la régularisation anisotrope. C'est à travers cette fonction qu'on peut incorporer diverses contraintes locales sur l'image par le biais du gradient et des dérivées directionnelles. Toutefois, son choix repose sur certaines conditions qui sont imposées via les poids de diffusion $c_\xi$ , $c_\eta$ . Comme nous l'avons évoqué précédemment (Cf. §(4.2.2)), les poids de diffusion $c_\xi$ , $c_\eta$ contrôlent la force de diffusion. De ce fait, afin de préserver les discontinuités et opérer de manière isotrope dans les zones à faible gradient (i.e. $|\nabla f|$ tend vers zéro), nous devons imposer les conditions suivantes [Der96] :

$$\lim_{|\nabla f| \to 0} c_\xi = \lim_{|\nabla f| \to 0} c_\eta = \alpha > 0$$
(4-25)

On rappelle : $c_\xi = \Phi'(|\nabla f|)/(|\nabla f|)$, et $c_\eta = \Phi''(|\nabla f|)$ ;

En reprenant l'équation (4.19), et en posant $c_\xi = c_\eta = \alpha$ , on en déduit l'équation suivante:

$$f^{n+1}(x,y) = f^n(x,y) + \Delta t [h(-x,-y) * (g(x,y) - f^n(x,y) * h(x,y)) + \lambda(\alpha(f_{\xi\xi} + f_{\eta\eta}))]$$
(4-26)

Puisque on a toujours la relation : $\Delta f = f_{\xi\xi} + f_{\eta\eta} = f_{xx} + f_{yy}$ , on peut donc réécrire (4.26)

sous la forme :

$$f^{n+1}(x,y) = f^{n}(x,y) + \Delta t[h(-x,-y)*(g(x,y)-f^{n}(x,y)*h(x,y)) + \lambda(\alpha(\Delta f^{n}))] \qquad (4\text{-}27)$$

On en déduit une équation uniformément elliptique avec une forte propriété de régularisation sur la solution. Par opposition, dans les zones à fort gradient (i.e. $|\nabla f|$ tend vers l'infini), les conditions de lissage anisotrope le long des directions tangentielles aux isocontours, s'énoncent comme suit :

$$\lim_{|\nabla f|\to\infty} c_{\xi} = m > 0 \quad et \lim_{|\nabla f|\to\infty} c_{\eta} = 0 \qquad (4\text{-}28)$$

L'équation (4.19) conduit alors à :

$$f^{n+1}(x,y) = f^{n}(x,y) + \Delta t[h(-x,-y)*(g(x,y)-f^{n}(x,y)*h(x,y)) + \lambda(m\,f_{\xi\xi})] \qquad (4\text{-}29)$$

Cette fois-ci, la régularisation est portée dans la direction $\xi$. Toutefois, les conditions (4.28) ne peuvent pas être vérifiées simultanément. Il convient alors de trouver un compromis, comme par exemple faire décroître le poids de diffusion $c_{\eta}$ dans la direction du gradient plus rapidement que celui de $c_{\xi}$ associé à la diffusion le long des isocontours, ce qui laisse prépondérant le poids $c_{\xi}$ et donc la régularisation sera toujours portée dans la direction $\xi$, d'où les nouvelles conditions :

$$\lim_{|\nabla f|\to\infty} c_{\xi} = \lim_{|\nabla f|\to\infty} c_{\eta} = 0 \quad avec \lim_{|\nabla f|\to\infty} \frac{c_{\eta}}{c_{\xi}} = 0 \qquad (4\text{-}30)$$

Le tableau 4-1, présente quelques fonctions $\Phi(u,k)$ communément utilisées dans le cadre de la régularisation [Der96]. La figure 4.5 illustre l'allure de chacune de ces fonctions. Certaines de ces fonctions sont plus intéressantes que d'autres. En effet, la fonction Hypersurfaces (HS) et la fonction de Green (GR), par exemple, ont un comportement semblable et présentent l'avantage d'être convexes, ce qui facilite la procédure d'optimisation. Ces fonctions se caractérisent par un comportement quadratique au voisinage de zéro (lissage isotrope), et un comportement asymptotiquement linéaire à l'infini (pour la préservation des contours).

| Nom des fonctions | $\Phi(u,k)$ | Convexité | Conditions (4.25) et (4.30) |
|---|---|---|---|
| Perona-Malik (PM) | $k^2/2\,(1\text{-}e^{-(u/k)^2})$ | Non | Oui |
| Geman-McClure (GM) | $(u/k)^2/((u/k)^2+1)$ | Non | Oui |
| Tikhonov (TK) | $u^2/2$ | Oui | Non |
| Hyper-Surfaces (HS) | $\sqrt{(u/k)^2+1}\text{ -}1$ | Oui | Oui |
| Variation Totale (TV) | $|u|$ | Oui | Non |
| Green (GR) | $\log(\cosh(u/k))$ | Oui | Oui |

**Tableau 4-1** Liste de quelques fonctions régularisantes $\Phi(u,k)$ avec u=$|\nabla f|$

Toutes ces fonctions utilisent la norme du gradient (u=$|\nabla f|$) comme estimateur de présence de contours. Un gradient élevé annonce une forte probabilité de présence d'un contour, alors qu'un gradient faible exprime une faible probabilité de présence d'un contour.

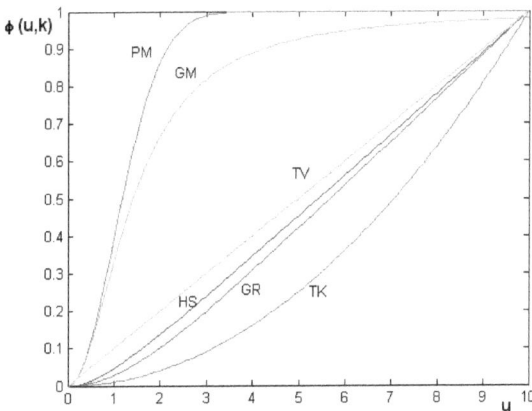

**Figure 4-5** Graphe 1D de quelques fonctions régularisantes, avec : PM : Perona-Malik, GM : Geman-McClure, TK : Tikhonov, HS : Hypersurfaces, TV : Variation Totale, GR : Green .

Par ailleurs, le paramètre k de la fonction $\Phi(u,k)$, traduit le degré d'anisotropie. La figure 4.6 illustre l'influence du paramètre k dans le cas de la fonction

Hypersurfaces (Cf. tableau 4.1). Intuitivement, si k est assez grand, par exemple supérieur à la valeur maximale du module du gradient (k > max($|\nabla f|$)), l'image ne subira aucun lissage. En revanche, si la valeur de k est trop faible, l'image subira un lissage de nombreuses zones et l'image sera floue et dégradée. Nous montrons par la suite comment choisir ce paramètre pour obtenir un lissage optimal.

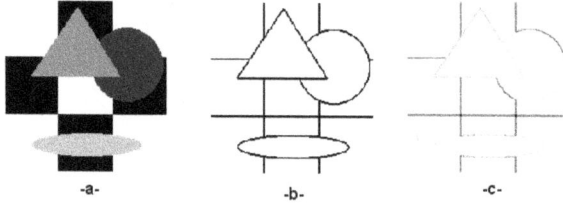

**Figure 4-6** Influence du paramètre k sur la fonction régularisante $\Phi(u,k)$ ,-a-Image test, -b- $\Phi(u,k)$ pour k=0.01 -c- $\Phi(u,k)$ pour k=10

Par ailleurs, il a été montré [Der96] que pour la stabilité du modèle, la fonction $\Phi'(|\nabla f|)= c(|\nabla f|)\,|\nabla f|$ doit être non décroissante. Cette condition permet d'éviter que le processus agisse comme une équation de chaleur inverse, ce qui rend le problème instable. Une des solutions pour surmonter ce problème est de travailler avec une version régularisée soit : $c(|\nabla G_\sigma * f|)$ au lieu de $c(|\nabla f|)$, avec $G_\sigma$ une fonction Gaussienne 2D normalisée de variance $\sigma^2$[Tor96] :

$$G_\sigma = \frac{1}{2\pi\sigma^2} e^{-(\frac{x^2+y^2}{2\sigma^2})} \qquad (4\text{-}31)$$

Dans la littérature, il existe d'autres schémas d'EDP et des versions améliorées [Alv94] [Nit92] [Wei01], afin de garantir la stabilité.

### 4.4.2 Choix du paramètre k

Comme nous l'avons évoqué dans la section précédente, ce paramètre fixe le seuil de discontinuités à partir duquel on considère que l'on a détecté un contour. En d'autres termes, il délimite les zones homogènes. La valeur de k peut être estimée en suivant la procédure décrite dans la figure 4.7 [Can86].

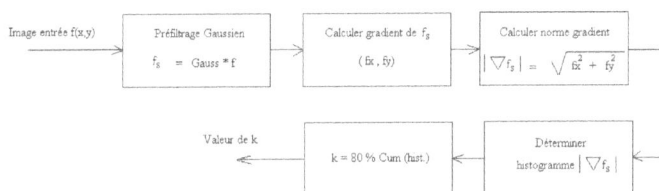

**Figure 4-7** Procédure algorithmique pour le choix du paramètre k

Dans un premier temps, on effectue un pré-filtrage gaussien de l'image d'entrée f(x,y). Ensuite, la norme du gradient est calculée suivant les deux directions (x et y), ce qui permet de délimiter les contours aux endroits où la norme du gradient est importante. Enfin, on calcule l'histogramme cumulatif de la norme du gradient, puis on fixe un seuil de k aux alentours de 80 %. La figure 4.8 montre que pour un choix non approprié du seuil k, il y a un risque d'obtenir des faux positifs (seuil inférieur à 80%) dans lesquels le niveau du bruit atteint celui des contours. Mais, ceci n'exclut pas les faux négatifs pour un choix de seuil dépassant les 90% et dans lesquels les contours apparaissent partiellement sur l'image seuillée.

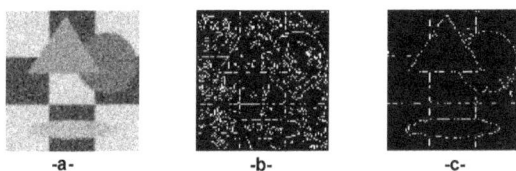

**Figure 4-8** -a- Image test sévèrement bruitée, -b- Contour image avec k ajustée à 75%,-c- Contour image avec k ajustée à 90%

Cependant, fixer la valeur de k tout au long des itérations, n'est pas une solution adéquate. En effet, au fur à mesure que le lissage progresse, certains contours ayant le même niveau du bruit, n'auront aucune chance d'être rehaussés.

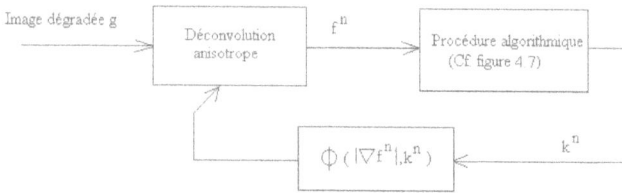

**Figure 4-9** Procédure algorithme pour un paramètre k adaptatif

Pour surmonter ce problème et impliquer tous les contours ayant différents gradients, on propose un paramètre k adaptatif (figure 4.9). En effet, à chaque itération la valeur de k va être réajustée suivant l'apparition de certains contours, qui au départ étaient invisibles à cause du bruit.

### 4.4.3 Choix du paramètre $\lambda$

Comme nous l'avons évoqué au Chapitre 2 (§ 2.1), le paramètre $\lambda$ permet d'ajuster le compromis entre la fidélité aux données et l'a priori. Une valeur $\lambda$ assez grande, interdit l'existence de forts gradients et conduit à une image de plus en plus floue et extrêmement lisse (l'a priori qui l'emporte). En revanche, une valeur $\lambda$ assez faible, conduit à une image très bruitée. Pour l'estimation de ce paramètre, nous nous sommes référés à la méthode de la variance établie dans le chapitre 2 (§ 2.4.1). On rappelle que cette méthode exige la connaissance de la variance du bruit. Dans le cas ou la variance du bruit est inconnue, nous proposons de l'estimer approximativement à partir d'une zone homogène de l'image dégradée, comme c'est illustré dans la figure 4.10.

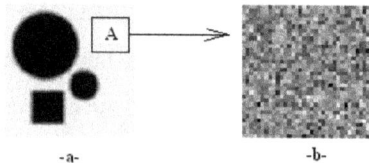

**Figure 4-10** Exemple d'estimation de la variance du bruit à partir d'une image test dégradée, -a- Image bruitée avec un bruit additif gaussien de variance égale à 0.0100 -b- Valeur estimée de la variance au niveau de la région A de l'image : 0.0104.

A partir du rapport signal flou sur bruit BSNR (Cf. eq(2.35)), on en déduit la valeur de $\lambda$, ($\lambda$ =1/BSNR). Signalons que pour une dynamique de niveaux de gris entre [0 1], ce paramètre devrait être réajusté d'un facteur de 10. Dans la figure 4.11, on montre la variation du paramètre $\lambda$ en fonction du rapport BSNR, pour une image de synthèse de niveaux de gris entre [0 1].

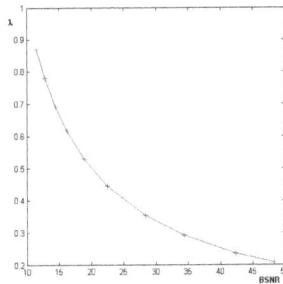

**Figure 4-11** Paramètre $\lambda$ versus BSNR

La simulation de ce modèle sur des images de synthèse et réelles sera traitée et présentée dans le chapitre 5. Dans ce qui suit, nous allons tenter d'adapter ce modèle dans le cas de l'image couleur.

## 4.5    Etendu du modèle dans le cas des images couleur

Dans cette deuxième partie, nous allons tenter d'étendre notre modèle dans le cas des images couleur ou encore multispectrales. L'image couleur, tout comme l'image en niveaux de gris, constitue une source d'informations visuelles non négligeables pour la reconnaissance des objets ou l'analyse d'une scène.

Mathématiquement, l'image multispectrale peut être définie comme application vectorielle $I(x,y):\Omega \subset R^2 \longrightarrow R^m$ qui associe au pixel (x,y) $\epsilon$ $\Omega$ sa valeur dans chaque bande spectrale, soit dans un espace Rouge-Vert-Bleu (m=3), on a :

$$I(x,y) = \begin{bmatrix} I_1(x,y) \\ I_2(x,y) \\ I_3(x,y) \end{bmatrix} = \begin{bmatrix} I_R(x,y) \\ I_G(x,y) \\ I_B(x,y) \end{bmatrix} \qquad \text{(4-32)}$$

En superposant ces trois couleurs de base RGB avec un dosage adéquat, on pourrait synthétiser quasiment toutes les couleurs perceptibles par l'œil. Bien entendu, ce mode de représentation de couleur n'est pas le seul, il existe bien d'autres sous différentes dénominations telles que : HSL, HSV, TLS, CMJN, LAB et bien d'autres [Gon02]. Tous ces systèmes se différencient par le mode de calcul qui permet d'obtenir ces grandeurs à partir d'un autre espace colorimétrique. Cependant, dans le cas de l'image scalaire (i.e. niveaux de gris), la notion de gradient est très explicite, qui repose sur les variations de l'intensité lumineuse. Dans le cas de l'image vectorielle (i.e. couleur), la notion de gradient n'est pas aussi évidente à définir. En effet, ce gradient 'couleur' doit tenir compte des variations de l'intensité sur les trois bandes spectrales simultanément. De là, il est peu commode de restaurer une image vectorielle bande par bande, car on ne tient pas compte de la corrélation inter-composantes.

En se référent à quelques travaux élaborés dans le cadre de l'image multispectrale [Sap96] [Tsc02] [Per98] [Tan99] [Bou04][Bou05], nous allons tenter de définir le gradient couleur qui servira comme support à notre modèle.

### 4.5.1 Formulation du problème

La restauration de l'image scalaire utilisant la diffusion anisotrope, décrite dans la section précédente (§ 4.5), est basée essentiellement sur la connaissance d'une géométrie locale de l'image, c'est-à-dire des variations $|\nabla f|$ et des directions locales $\eta$ et $\xi$. Pour l'image vectorielle, la géométrie locale n'est pas chose triviale à définir. On distingue généralement deux approches : La première consiste à effectuer d'abord une détection de contours sur chaque composante, pour ensuite fusionner l'ensemble. Cette solution semble complexe à mettre en œuvre [Del88]. La deuxième approche à trouver une seule image de contours à partir de l'image vectorielle. Ceci est possible en utilisant un espace de couleur de type Luminance-Chrominance, comme l'espace HSL. Il suffit alors de calculer la simple norme du gradient scalaire de la Luminance pour extraire ces contours. Malheureusement, cette approche ne permet pas de détecter les contours iso-lumineux. Comme solution, nous allons utiliser l'approche proposée par DiZenzo [Diz86], qui se base sur la géométrie différentielle des surfaces [Car76]. Il considère une image vectorielle I comme une surface 2D, et étudie ses variations locales en un point (x,y) à partir de la norme vectorielle $\|dI\|^2$, avec dI différentielle de I, donnée par :

$$dI = \frac{\partial I}{\partial x} dx + \frac{\partial I}{\partial y} dy \qquad (4\text{-}33)$$

Soit :

$$\|dI\|^2 = dI^T dI = \begin{bmatrix} dx \\ dy \end{bmatrix}^T \begin{bmatrix} s_{11} & s_{12} \\ s_{21} & s_{22} \end{bmatrix} \begin{bmatrix} dx \\ dy \end{bmatrix}$$

$$s_{i,j} = \sum_{k=1}^{3} \frac{\partial I_k}{\partial x_i} \frac{\partial I_k}{\partial x_j} \qquad 1 \le i,j \le 2, avec\; x = x_1, y = x_2 \qquad (4\text{-}34)$$

Les coefficients $s_{i,j}$ de la matrice $[s_{i,j}]$ représentent les orientations locales de l'image vectorielle I.

Les extrema de cette fonction quadratique (appelé première forme fondamentale) sont données par les valeurs propres de la matrice $[s_{i,j}]$, et les directions de variation correspondantes sont données par ses vecteurs propres. La matrice $[s_{i,j}]$ étant symétrique, elle admet deux valeurs propres données par :

$$\alpha_+ = \frac{s_{11} + s_{22} + \sqrt{(s_{11} - s_{22})^2 + 4s_{12}^2}}{2}$$

$$\alpha_- = \frac{s_{11} + s_{22} - \sqrt{(s_{11} - s_{22})^2 + 4s_{12}^2}}{2} \qquad (4\text{-}35)$$

Les vecteurs propres correspondants sont donnés par :

$$\theta_+ = \frac{1}{2} \arctan\left( \frac{2s_{12}}{s_{11} - s_{22}} \right)$$

$$\theta_- = \theta_+ + \frac{\pi}{2} \qquad (4\text{-}36)$$

Autrement dit, la valeur propre $\alpha_+$ est associée à la variation locale maximale en un point (dans la direction $\theta_+$) et $\alpha_-$ correspond à la variation locale minimale (dans la direction $\theta_-$). A noter que dans la cas de l'image scalaire f, la valeur propre $\alpha_+$ est identifiée au gradient $|\nabla f|$, $\alpha_-=0$, et les directions $(\theta_+, \theta_-)$ s'identifient au repère local $(\eta, \xi)$ (Cf. §4.2.1).

Par ailleurs, le concept de la diffusion anisotrope établi dans le cas de l'image scalaire, peut également s'étendre dans le cas de l'image couleur. Il suffit alors d'adapter l'équation (4.17) sur chacune des bandes de l'image I, et ensuite fusionner les résultats. En supposant que le flou h(x,y) présente une invariance spatio-spectrale (i.e. identique pour les trois bandes de l'image) et que le bruit n(x,y) garde la même distribution gaussienne pour les trois bandes, alors le modèle de dégradation pour chacune des composantes $g_i$(x,y) de l'image vectorielle $\vec{g}$, peut ainsi s'écrire :

$$g_i(x,y) = h(x,y) * I_i(x,y) + n(x,y) \quad , \quad i = 1..m \qquad (4\text{-}37)$$

De là, on en déduit un système d'EDP pour les trois composantes de l'image couleur :

$$\begin{cases} \dfrac{\partial I_R(x,y,t)}{\partial t} = [h(-x,-y) * (g_R(x,y) - I_R(x,y,t) * h(x,y)) + \lambda div(\dfrac{\phi'(|\nabla I|)\nabla I_R}{|\nabla I|})] \\[2mm] \dfrac{\partial I_G(x,y,t)}{\partial t} = [h(-x,-y) * (g_G(x,y) - I_G(x,y,t) * h(x,y)) + \lambda div(\dfrac{\phi'(|\nabla I|)\nabla I_G}{|\nabla I|})] \\[2mm] \dfrac{\partial I_B(x,y,t)}{\partial t} = [h(-x,-y) * (g_B(x,y) - I_B(x,y,t) * h(x,y)) + \lambda div(\dfrac{\phi'(|\nabla I|)\nabla I_B}{|\nabla I|})] \end{cases} \qquad (4\text{-}38)$$

Avec : $|\nabla I| = \sqrt{\alpha_+} = \sqrt{\dfrac{s_{11} + s_{22} + \sqrt{(s_{11} - s_{22})^2 + 4s_{12}^2}}{2}}$, le module du gradient 'couleur'. La fonction $\Phi(.)$ garde les mêmes propriétés établies dans le cas de l'image scalaire (Cf. §4.4.1).

La figure 4.12 montre une image couleur de synthèse et le module du gradient associé. On voit bien que les discontinuités, communes aux trois composantes, sont bien marquées.

-a-                                        -b-

**Figure 4-12** –a- Illustration du gradient 'couleur', -a- Image couleur de synthèse, -b- Module du gradient couleur correspondant

A partir de (4.38), on en déduit la procédure itérative de la déconvolution anisotrope associée à l'image couleur, définie par le système d'équations itératives suivant (à l'itération n) :

$$\begin{cases} I_R^{n+1}(x,y) = I_R^n(x,y) + \Delta t\,[h(-x,-y)*(g_R(x,y) - I_R^n(x,y)*h(x,y)) + \lambda div(\dfrac{\phi'(\left|\nabla I^n\right|)\nabla I_R^n}{\left|\nabla I^n\right|})] \\[2mm] I_G^{n+1}(x,y) = I_G^n(x,y) + \Delta t\,[h(-x,-y)*(g_G(x,y) - I_G^n(x,y)*h(x,y)) + \lambda div(\dfrac{\phi'(\left|\nabla I^n\right|)\nabla I_G^n}{\left|\nabla I^n\right|})] \\[2mm] I_B^{n+1}(x,y) = I_B^n(x,y) + \Delta t\,[h(-x,-y)*(g_B(x,y) - I_B^n(x,y)*h(x,y)) + \lambda div(\dfrac{\phi'(\left|\nabla I^n\right|)\nabla I_B^n}{\left|\nabla I^n\right|})] \end{cases} \qquad (4\text{-}39)$$

Dans cette approche, nous avons utilisé $\sqrt{\alpha_+}$ , comme indicateur de plus grande variation de l'image. Toutefois, il existe d'autres variantes pour ces indicateurs de discontinuité, comme par exemple la différence $\sqrt{\alpha_+ - \alpha_-}$ [Sap96], qui caractérise un contour vectoriel non pas par un grand $\alpha_+$ , mais plutôt par $\alpha_+ >> \alpha_-$ . Quelque soit l'indicateur utilisé, l'idée de la diffusion anisotrope reste la même, il faut assurer un lissage isotrope lorsque les deux valeurs propres $\alpha_+$ et $\alpha_-$ ont le même ordre de grandeur (i.e. zones homogènes), et effectuer un lissage dans la direction $\theta_-$ pour $\alpha_+ >> \alpha_-$ (i.e. discontinuités).

### 4.5.2 Modèle proposé

La procédure algorithmique pour la restauration d'images couleur, est résumée dans la figure 4.13. Elle consiste, dans un premier temps, à estimer à partir de l'image couleur dégradée $\bar{g}$ le modèle du flou h(x,y) (i.e PSF), supposé être invariant pour les trois bandes RGB de l'image.

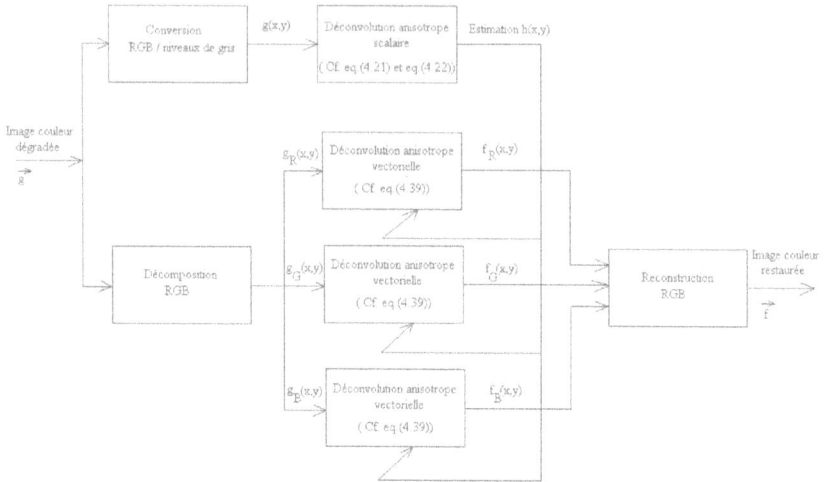

**Figure 4-13** Modèle proposé de déconvolution anisotrope dans le cas d'une image couleur

D'où, l'idée est de convertir l'image multispectrale $\vec{g}$ en une image scalaire g(x,y) (i.e niveaux de gris), et d'en extraire la fonction h(x,y) par déconvolution aveugle conformément aux procédures appliquées à l'image scalaire (Cf. eq.(4.21) et eq.(4.22)). La transformation utilisée pour la conversion de l'image est la suivante [Gon02] :

$$g(x,y) = 0.299 g_R(x,y) + 0.587 g_G(x,y) + 0.114 g_B(x,y) \qquad \textbf{(4-40)}$$

Une fois la PSF h(x,y) estimée, elle est ensuite incorporée dans la procédure itérative (4.39) pour restaurer les trois bandes spectrales ($f_R$, $f_G$, $f_B$) de l'image couleur originale $\vec{f}$. Notons au passage qu'à chaque itération, les trois bandes ($f_R$, $f_G$, $f_B$) sont estimées simultanément et fusionnées ensemble pour calculer et mettre à jour le gradient couleur $|\nabla f|$.

84

## 4.6  Conclusion

Dans ce chapitre, nous avons présenté une nouvelle approche de déconvolution aveugle basée sur   la régularisation anisotrope. Cette régularisation permet de remédier à l'instabilité du problème inverse en présence du bruit. Elle a été introduite sous forme d'un formalisme d'EDP non linéaires, qui présente l'avantage d'effectuer un lissage conditionnel. L'idée est d'encourager la diffusion d'une manière isotrope dans les zones à faible gradient (i.e. zones homogènes de l'image), et d'interdire la diffusion dans les zones à fort gradient (i.e. discontinuités). Conduisant ainsi à une adéquation harmonieuse et efficace sur les caractéristiques locales de l'image : en atténuant le bruit  tout en préservant  les discontinuités naturelles de l'image.

Par ailleurs, le modèle proposé comprend des paramètres important dont le choix   conditionne la qualité des résultats obtenus. Pour le choix du paramètre de diffusion k, il est préférable de n'est pas maintenir la valeur de k constante tout au long des itérations, car on risque de n'est pas impliqué tout les contours. L'une des solutions est d'adopter un modèle adaptatif pour ce paramètre. Quant au paramètre de régularisation   $\lambda$, qui assure le compromis entre la vraisemblance et l'a priori, il pourrait être estimé à partir de la variance du bruit calculée sur une zone homogène de l'image dégradée.

L'étendu du modèle dans le cas de l'image couleur, s'est révélé possible en définissant un gradient couleur commun aux trois bandes spectrales de l'image. L'approche proposée par DiZenzo [Diz86] semble la plus convaincante, du fait qu'elle tient compte des corrélations entre les différentes composantes spectrales de l'image.

Dans le chapitre qui suit, nous allons présenter quelques résultats expérimentaux élaborés sur des images de synthèse et également sur des images réelles de type : photographique, astronomique et  médicale.

# CHAPITRE 5

# CHAPITRE 5

*QUELQUES RÉSULTATS EXPÉRIMENTAUX*

## 5.1 Introduction

Dans le chapitre précédent, nous avons établi les modèles de déconvolution anisotrope (appliqués à l'image scalaire et vectorielle), l'étape suivante concerne les tests et les simulations. Dans la première partie de ce chapitre, nous allons tester et évaluer les performances des algorithmes proposés sur une image de synthèse rendue floue et bruitée, en considérant diverses formes de flou (turbulence atmosphérique, défocalisation,...). Les résultats seront également comparés à quelques méthodes existantes. La deuxième partie de ce chapitre sera consacrée aux applications réelles sur des échantillons d'images réelles de type : photographique, astronomique et médicale ; recueillies à partir de banques d'images disponibles sur le Web. Pour chaque type d'image, nous présentons brièvement, les modalités techniques de leur formation ainsi que les dégradations inhérentes qui les affectent. Il est à noter que pour ces applications réelles, les résultats seront très subjectifs et assujettis aux paramètres du modèle ($\lambda$, k). De plus, les critères objectifs de qualité que nous allons définir (PSNR, MSE) ne peuvent pas être appliqués, car ils exigent la connaissance de l'image originale pour les calculer. Manifestement, notre critère, pour évaluer la qualité de l'image, sera purement subjectif et établie en termes d'élimination de flou, de réduction de bruit et de préservation des discontinuités.

## 5.2 Critères d'évaluation

Pour évaluer et comparer nos résultats expérimentaux, nous devons définir quelques critères d'évaluation. Ces critères sont souvent objectifs, basés sur des formules mathématiques simples, qui permettent une mesure au premier ordre des dégradations introduites par le système dans l'espace image. Parmi ces mesures, on peut citer :

l'erreur quadratique moyenne (MSE), le rapport Signal sur Bruit (SNR) et la pointe du rapport Signal sur Bruit (Peak to Signal Noise Ratio :PSNR) défini par :

$$PSNR = 10 \log_{10} \frac{(2^B - 1)^2}{MSE}$$

$$Avec : MSE = \frac{1}{MN} \sum_{i=1}^{M} \sum_{j=1}^{N} \left| f(i,j) - \hat{f}(i,j) \right|^2$$

(5-1)

Où, $f$ : image originale de taille MxN, $\hat{f}$ : image restaurée, B : le nombre de bits nécessaires à la représentation du niveau de gris ou d'une composante chromatique d'un pixel de l'image (le plus souvent B=8). Le MSE, pour l'image couleur, est calculée sur les trois composantes :

$$MSE = \frac{1}{3MN} \sum_{i=1}^{M} \sum_{j=1}^{N} \sum_{m=1}^{3} \left| f_m(i,j) - \hat{f}_m(i,j) \right|^2$$

(5-2)

Où, $f_m$ : composante de l'image originale (taille MxN), $\hat{f}_m$ : composante de l'image restaurée (m varie de 1 à 3).

L'image est d'autant de meilleure qualité que le PSNR est grand. Manifestement, cette mesure objective du PSNR ne peut être utilisée que dans le cas de test de simulation, puisque on dispose toujours de l'image originale dans le calcul. De plus, la notion de rehaussement de contraste est une notion trop perceptuelle pour être évaluée par ces critères. Plusieurs groupes de recherche travaillent sur des critères subjectifs (psycho-visuels et perceptuels) en rapport direct avec le Système Visuel Humain (HVS) [Wan81] [Ram94] [Ham94] [Eud99] [Wan04]. Nous avons utilisé comme critère de qualité celui de l'index de similarité structurelle entre deux images x et y, donné par [Wan04]:

$$SSIM(x,y) = \frac{(2\mu_x \mu_y + c_1)(2\sigma_x + c_2)}{(\mu_x^2 + \mu_y^2 + c_1)(\sigma_x^2 + \sigma_y^2 + c_2)}$$

(5-3)

Où $c_1$, $c_2$ deux variables destinées à stabiliser la division quand le dénominateur est très faible, les variables $\mu_x$ et $\mu_y$ présentent l'intensité moyenne des images x et y, les variables $\sigma_x^2$ la variance de x, $\sigma_y^2$ la variance de y et $\sigma_{xy}^2$ la covariance de x et y. Les valeurs du SSIM sont dans l'intervalle [0 1], la valeur 1 indique une image de très bonne qualité.

## 5.3  Tests sur des images en niveaux de gris

Dans cette section, nous allons tester les performances de l'algorithme sur une image de synthèse de taille 128x128 (Cf. figure 5.1), qui présente la particularité de posséder des zones homogènes séparées par des transitions franches, afin de mettre en évidence la préservation des discontinuités lors du traitement. La dynamique de niveaux de gris entre [0 1].

### 5.3.1 Simulation avec différentes formes de flou

Tout au long de cette simulation, l'image sera dégradée par un bruit gaussien additif relativement faible  (SNR=48.19 dB) avec différentes formes de flou à savoir :  flou de défocalisation, flou gaussien, et flou de mouvement.. Les paramètres du modèle sont tels que : $\lambda = 0.2$ , $\Delta t = 0.24$, $N_f = 850$ , $N_h = 50$. Le modèle adopté pour cette simulation est représenté dans la figure 5.1.

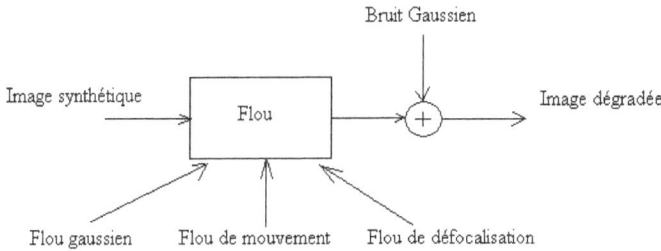

**Figure 5-1** Modèle de dégradation adopté pour la simulation

#### 5.3.1.1  Cas d'un flou de défocalisation

Comme nous l'avons évoqué au chapitre 1 (§ 1.3.2), ce type de flou peut être dû à un mauvais réglage de la lentille dans le cas d'un appareil photo pour focaliser un objet. On le modélise  souvent par un filtre moyenneur (Cf. eq(1.7)) qui s'identifie également à la PSF du système. Les résultats obtenus  dans la figure 5.2, pour un flou relativement faible (taille du filtre 3x3), témoignent de la robustesse de l'algorithme pour l'élimination du flou et la préservation des contours. Par rapport aux autres

méthodes, l'algorithme montre le plus grand PSNR et le meilleur SSIM (tableau 5.1).
La figure 5.3 montre une bonne estimation de la PSF.

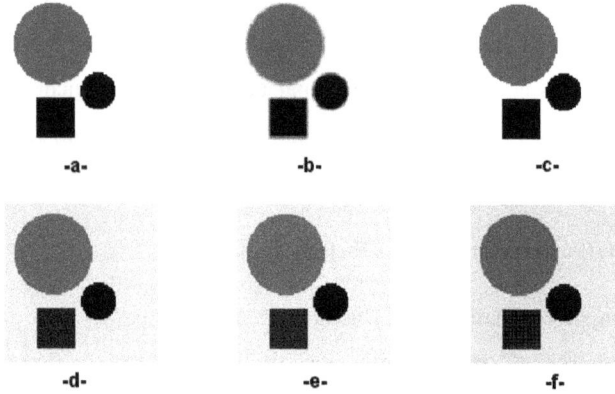

**Figure 5-2** Simulation dans le cas d'un flou de défocalisation, -a- Image de synthèse originale, -b- Image dégradée avec un filtre moyenneur de taille 3x3, -c- Image traitée avec la méthode proposée,-d- Avec la méthode TIK, -e- Avec la méthode IBD, -f-Avec la méthode BL.

|  | PSNR (dB) | SSIM |
|---|---|---|
| Méthode proposée | 49.35 | 0.98 |
| Méthode TIK | 23.53 | 0.75 |
| Méthode IBD | 23.74 | 0.77 |
| Méthode BL | 19.78 | 0.46 |

**Tableau 5-1** Comparaison des critères de qualité dans le cas d'un flou de défocalisation

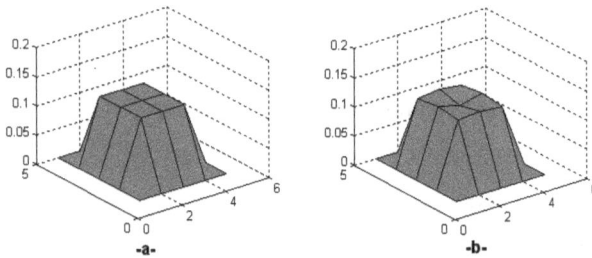

**Figure 5-3** Estimation de la PSF (représentation surfacique), -a- PSF originale, -b-PSF estimée

On note également dans la figure 5.4, dans le cas d'un flou plus sévère (taille du filtre 9x9), une bonne estimation de l'image.

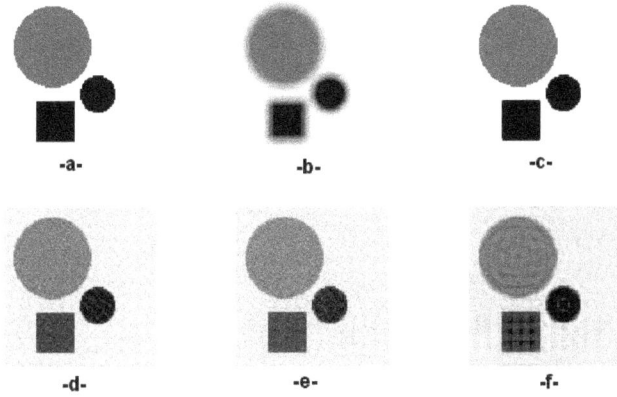

**Figure 5-4** Deuxième test avec un flou plus important,  -a- Image de synthèse originale, -b- Image dégradée avec un filtre moyenneur de taille 9x9, -c- Image traitée avec la méthode proposée,-d- Avec la méthode TIK, -e- Avec la méthode IBD, -f- Avec la méthode BL.

|  | PSNR (dB) | SSIM |
|---|---|---|
| Méthode proposée | 37.16 | 0.93 |
| Méthode TIK | 19.68 | 0.52 |
| Méthode IBD | 18.60 | 0.42 |
| Méthode BL | 17.71 | 0.41 |

**Tableau 5-2** Comparaison des critères de qualité dans le cas d'un flou de défocalisation plus important

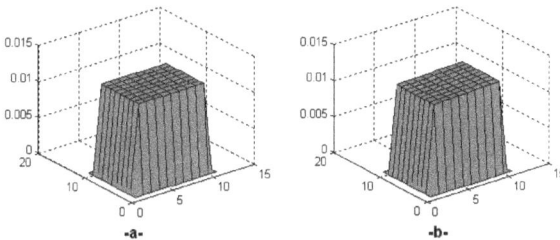

**Figure 5-5** Estimation de la PSF , -a- PSF originale, -b- PSF estimée

Le tableau 5.2, montre le meilleur SSIM et le plus grand PSNR, qui sont en parfaites concordances avec le jugement qualitatif. L'algorithme a également, conduit à une très bonne estimation de la PSF, comme le confirme la figure 5.5.

### 5.3.1.2 Cas d'un flou de mouvement (Motion blur)

Ce type de flou est dû à un mouvement relatif entre caméra-objet. Chaque point de la scène conduit à une tache en forme de segment de droite sur l'image, son orientation dépend de la direction du bougé. Il est simulé par un filtre directionnel (Cf. eq.(1.4)). Les résultats obtenus dans la figure 5.6, dans le cas d'un flou relativement faible (translation horizontale de longueur L=5 pixels , $\theta=0°$), témoignent d'une très bonne estimation de l'image, qui se manifeste par une élimination notable du flou, avec une très bonne préservation des contours. L'estimation de la PSF est très acceptable, comme le montre la figure 5.7. Les mesures quantitatives dans le tableau 5.3, montrent les plus grandes valeurs du PSNR et du SSIM.

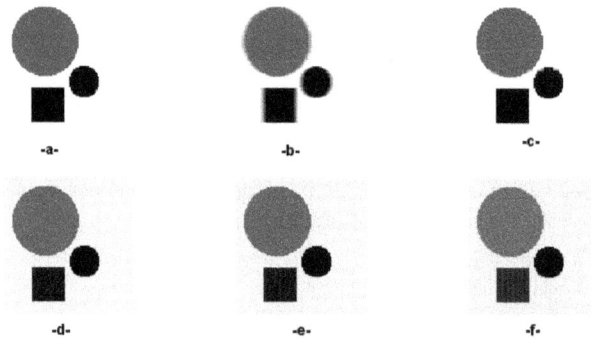

**Figure 5-6** Simulation dans le cas d'un flou de mouvement,  -a- Image de synthèse originale, -b- Image dégradée dans la direction horizontale (L=5 pixels, $\theta=0°$), -c- Image traitée avec la méthode proposée,-d- Avec la méthode TIK, -e- Avec la méthode IBD, -f- Avec la méthode BL.

|                     | PSNR (dB) | SSIM |
|---------------------|-----------|------|
| Méthode proposée    | 43.08     | 0.95 |
| Méthode TIK         | 27.61     | 0.85 |
| Méthode IBD         | 26.48     | 0.82 |
| Méthode BL          | 25.46     | 0.81 |

**Tableau 5-3** Comparaison des critères de qualité dans le cas d'un flou de mouvement (L=5 pixels, $\theta$=0°).

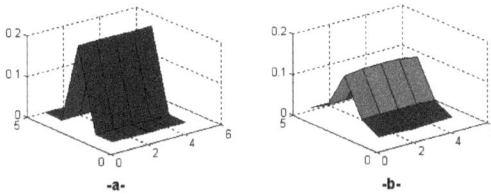

**Figure 5-7** Estimation de la PSF , -a- PSF originale, -b- PSF estimée

Pour un flou relativement sévère (L = 21 pixels, $\theta$=0°), on note dans la figure 5.8, une bonne estimation de l'image avec le meilleur SSIM et le plus grand PSNR, comme le montre le tableau 5.4.

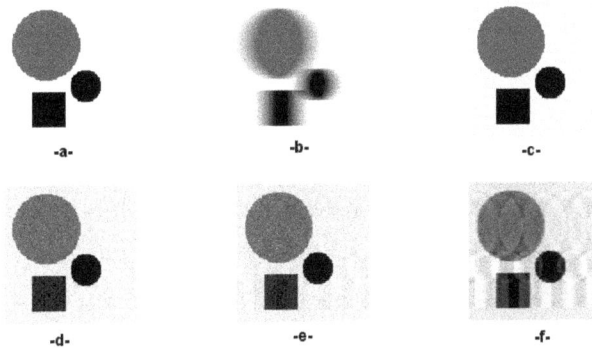

**Figure 5-8** Deuxième test   -a- Image de synthèse originale, -b- Image dégradée dans la direction horizontale (L=21 pixels, $\theta$=0°), -c- Image traitée avec la méthode

proposée,-d- Avec la méthode TIK, -e- Avec la méthode IBD, -f- Avec la méthode BL.

|                   | PSNR (dB) | SSIM |
|-------------------|-----------|------|
| Méthode proposée  | 30.73     | 0.90 |
| Méthode TIK       | 21.88     | 0.68 |
| Méthode IBD       | 20.88     | 0.67 |
| Méthode BL        | 17.29     | 0.42 |

**Tableau 5-4** Comparaison des critères de qualité dans le cas d'un flou de mouvement (L=21 pixels, $\theta=0°$)

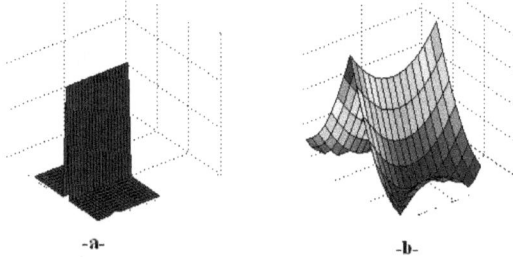

-a-                    -b-

**Figure 5-9** Estimation de la PSF , -a- PSF originale, -b- PSF estimée

Toutefois, nous devons noter que l'estimation de la PSF (figure 5.9), n'est pas tout à fait conforme à l'originale, mais constitue quand même une solution parmi d'autres au problème de la déconvolution.

**5.3.1.3 Cas d'un flou Gaussien**

Ce type de flou est souvent rencontré dans les images de prise de vue aérienne, radiologique et astronomique. Il est modélisé par un filtre gaussien (Cf. eq.(1.10)), caractérisé par sa variance $\sigma^2$ . Celle-ci simule le degré et la sévérité du flou. Les résultats obtenus dans la figure 5.10, pour un flou relativement faible ($\sigma = .8$ de taille 9x9), témoignent d'une très bonne estimation de l'image. On note également une bonne estimation de la PSF (figure 5.11). Le tableau 5.5 montre le plus grand PSNR et le meilleur SSIM.

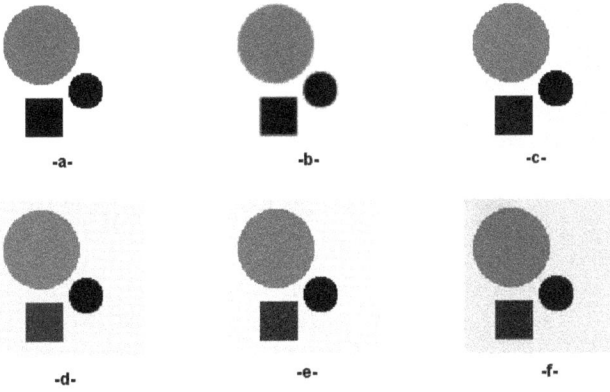

**Figure 5-10** Simulation dans le cas d'un flou gaussien, -a- Image de synthèse originale, -b- Image dégradée avec un filtre gaussien de taille 9x9, $\sigma$ =.8, -c- Image traitée avec la méthode proposée,-d- Avec la méthode TIK, -e- Avec la méthode IBD, -f- Avec la méthode BL.

|  | PSNR (dB) | SSIM |
|---|---|---|
| **Méthode proposée** | 39.75 | 0.95 |
| **Méthode TIK** | 21.97 | 0.67 |
| **Méthode IBD** | 24.88 | 0.74 |
| **Méthode BL** | 18.23 | 0.45 |

**Tableau 5-5** Comparaison des critères de qualité dans le cas d'un flou gaussien

($\sigma$ =.8)

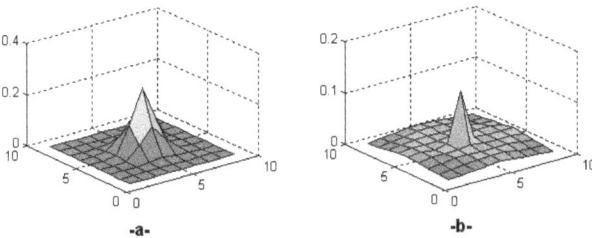

**Figure 5-11** Estimation de la PSF , -a- PSF originale, -b- PSF estimée

Pour un flou plus important ($\sigma$ = 1.8 de taille 9x9), on note dans la figure 5.12, une bonne estimation de l'image avec le meilleur SSIM et le plus grand PSNR (Cf. tableau 5.6).

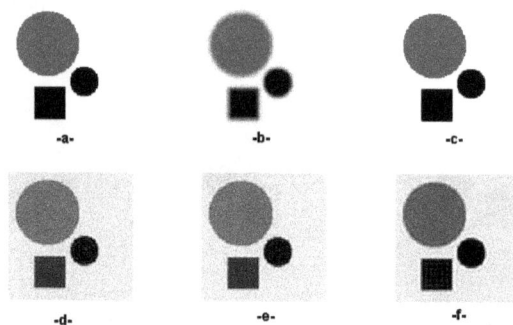

**Figure 5-12** Deuxième test dans le cas d'un flou gaussien plus important, -a- Image de synthèse originale, -b- Image dégradée avec un filtre gaussien de taille 9x9, $\sigma$ =1.8, -c- Image traitée avec la méthode proposée,-d- Avec la méthode TIK, -e- Avec la méthode IBD, -f- Avec la méthode BL.

|  | PSNR (dB) | SSIM |
|---|---|---|
| **Méthode proposée** | 35.40 | 0.92 |
| **Méthode TIK** | 19.73 | 0.62 |
| **Méthode IBD** | 20.31 | 0.63 |
| **Méthode BL** | 19.70 | 0.61 |

**Tableau 5-6** Comparaison des critères de qualité dans le cas d'un flou gaussien plus important

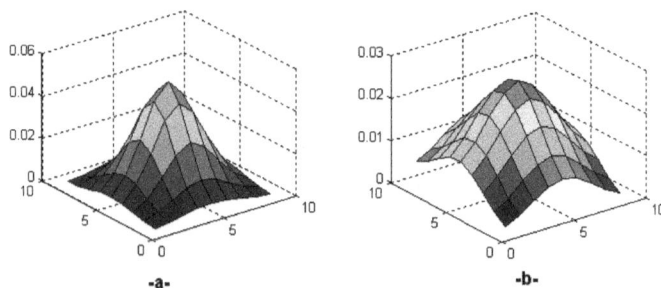

**Figure 5-13** Estimation de la PSF , -a- PSF originale, -b- PSF estimée

L'estimation de la PSF suit la même distribution gaussienne, comme le montre la figure 5.13.

### 5.3.2 Test sur une image réelle

Dans cette section, nous allons tester et comparer les performances de l'algorithme sur une image réelle. L'image choisie est celle de 'Lena' de taille 256x256 (format JPEG standard). Dans un premier temps, on fait subir à cette image une dégradation qui se traduit par un flou de défocalisation de taille 5x5, ajouté d'un bruit gaussien tel que SNR=27.70 dB. Les paramètres du modèle sont tels que : $\lambda$ = 0.2, $\Delta t$ = 0.24, $N_f$=850 , $N_h$ = 50.

Les résultats obtenus dans la figure 5.14, montrent que l'algorithme conduit à une très bonne estimation de l'image, qui se traduit par l'élimination du flou, la réduction du bruit et la préservation des contours. La méthode TIK (figure 5.14d) fournit une image moins bruitée, mais pénalise les discontinuités. La méthode IBD (figure 5.14e) et la méthode BL (figure 5.14f) ont un comportement très proche, elles éliminent le flou tout en amplifiant le bruit. De plus, toutes ces méthodes induisent des artéfacts et des effets d'oscillations (oscillations de Gibbs) près des bords.

**Figure 5-14** Simulation sur image réelle -a- Image originale, -b- Image dégradée -c-
Image traitée avec méthode proposée, PSNR=24.29dB-d- Avec méthode TIK,
PSNR=23.95dB -e- Avec méthode IBD, PSNR=22.60dB-f- Avec méthode BL,
PSNR=20.45dB.

La figure 5.15, montre les résultats obtenus dans le cas d'un niveau de bruit important
tel que SNR =13.65 dB. Les paramètres sont tels que : $\lambda = 0.7$, $\Delta t = 0.24$, $N_f = 850$,
$N_h = 50$. Encore une fois, l'algorithme témoigne d'une bonne estimation de l'image
qui se traduit par une réduction notable de bruit avec préservation des discontinuités.

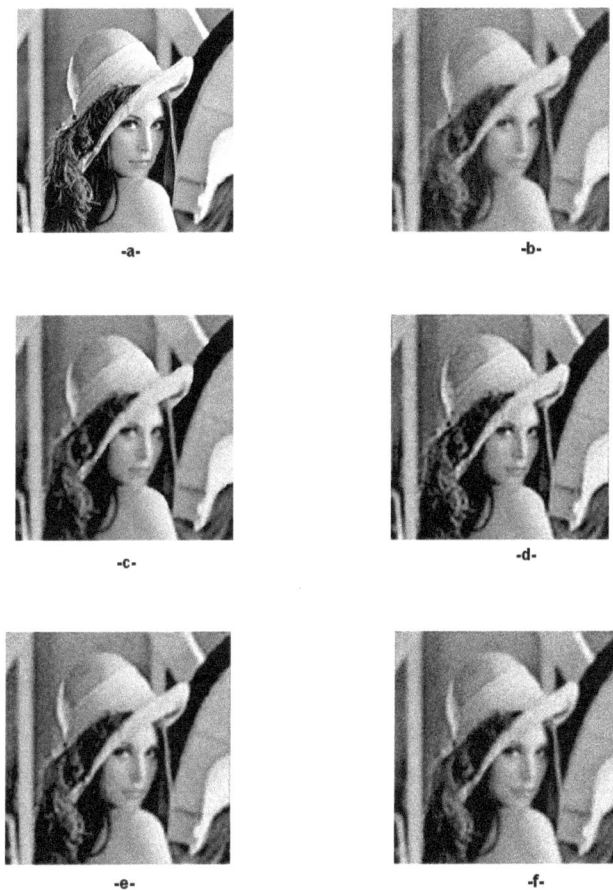

**Figure 5-15** Deuxième test -a- Image originale, -b- Image dégradée -c- Image traitée avec la méthode proposée, PSNR=22.98 dB-d- Avec méthode TIK, PSNR=21.71dB - e- Avec méthode IBD, PSNR=21.60dB-f- Avec méthode BL, PSNR=19.62dB.

Pour clore cette simulation, nous avons reporté dans la figure 5.16, la variation du PSNR en fonction du rapport SNR pour les quatre méthodes utilisées. Il est bien clair que l'algorithme proposé conserve le plus grand PSNR et ce, quelque soit le niveau du bruit simulé.

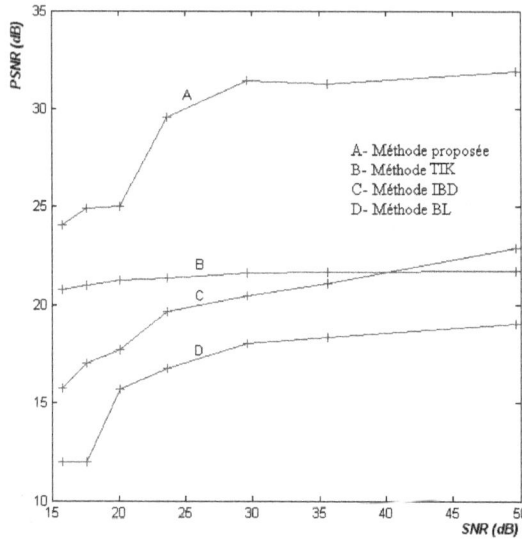

**Figure 5-16** PSNR versus SNR pour les quatre méthodes, dans le cas d'un bruit gaussien.

## 5.4 Tests sur des images couleur

Dans cette section, nous allons tester les performances de l'algorithme proposé dans le cas de l'image couleur (Cf. § 4.5.2). Comme dans le cas de l'image scalaire, nous effectuons le test sur une image couleur de synthèse, ensuite sur une image réelle.

### 5.4.1 Tests sur une image de synthèse

Dans un premier temps, nous allons dégrader l'image de synthèse (figure 5.28a) avec un flou gaussien de taille D=7x7 et $\sigma_G$=1.8, additionnée d'un bruit gaussien tel que SNR=14.58 dB.

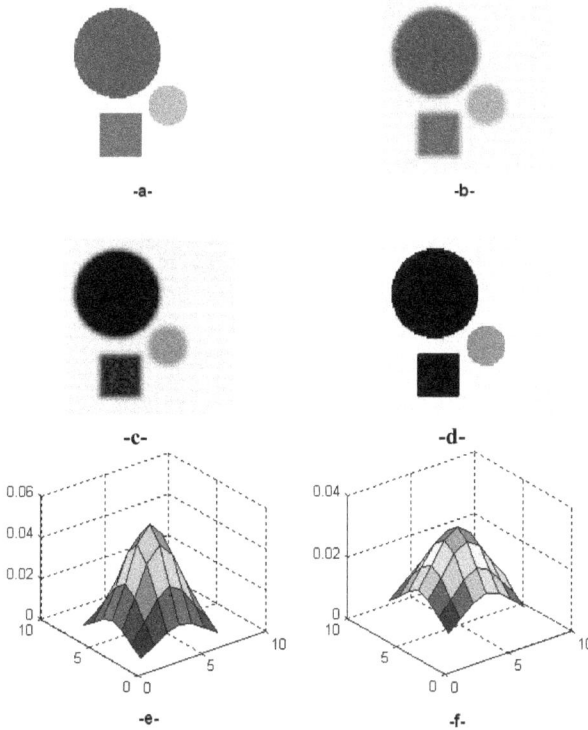

**Figure 5-17** Estimation de la PSF dans le cas de l'image couleur,-a- Image test, -b- Image dégradée, -c- Conversion en niveaux de gris,-d- Image estimée en niveaux de gris,-e- PSF originale,-f- PSF estimée

Conformément à la procédure algorithmique énoncée au chapitre 4 (Cf. §4.5.2), l'image couleur est, au départ, convertie en niveaux de gris (figure 5.17c) dans le but d'estimer le modèle du flou h(x,y) et ce, en appliquant les procédures (4.21) et (4.22). Une fois la PSF estimée, elle est de nouveau incorporée dans la procédure de déconvolution (Cf. eq.(4.39)), afin de restaurer les composantes de l'image couleur originale.

Les résultats obtenus dans la figure 5.18, montrent que cette approche est très bien adaptée au traitement de l'image couleur. Malgré la forte corrélation existante entre les bandes spectrales, l'algorithme n'a pas introduit des artéfacts ni de fausses couleur. On voit que la méthode de Wiener (Cf. §2.3.3) conduit à une image de très mauvaise qualité (figure 5.18d) et ce, comparativement à la méthode proposée qui témoigne d'un bon rehaussement des contours avec réduction notable du bruit (figure 5.18c).

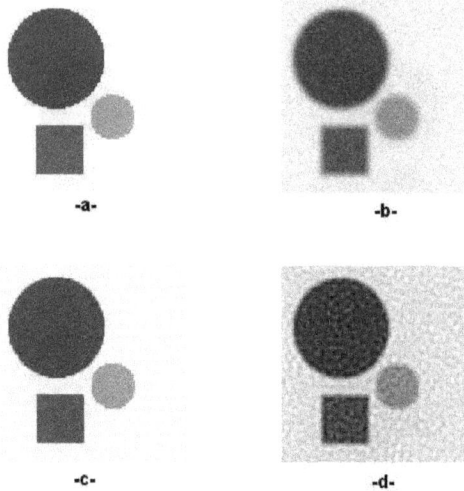

**Figure 5-18** Simulation dans le cas d'un flou gaussien, -a- Image test,-b- Image dégradée avec un filtre gaussien de taille 7x7 et $\sigma_G$=1.8 et un SNR=14.58 dB,-c-Image restaurée avec la méthode proposée, PSNR=26.57 dB, -d- Image restaurée avec la méthode de Wiener, PSNR= 16.61 dB.

La figure 5.19, montre les résultats obtenus dans le cas d'un flou de défocalisation, modélisé par un filtre moyenneur de taille 5x5 avec un SNR=14.58 dB. Encore une fois, on note une très bonne estimation de l'image qui se traduit par une élimination du flou et une réduction notable du bruit. Dans la figure 5.20, on montre les résultats obtenus dans le cas d'un flou de mouvement assez sévère (L= 21 pixels, $\theta$ = 11°). L'image estimée témoigne d'un bon rehaussement de contours avec élimination notable du flou.

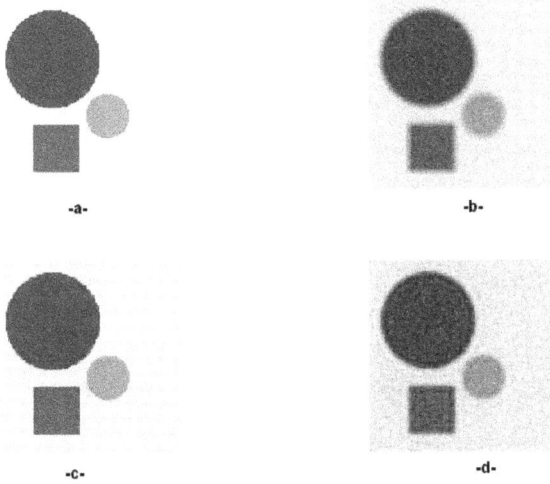

**Figure 5-19** Simulation dans le cas d'un flou de défocalisation, -a- Image test,-b-
Image dégradée avec un filtre moyenneur de taille 5x5, avec un SNR=14.58 dB,-c-
Image restaurée avec la méthode proposée, PSNR=27.57 dB, -d- Image restaurée
avec la méthode de Wiener, PSNR= 16.51dB

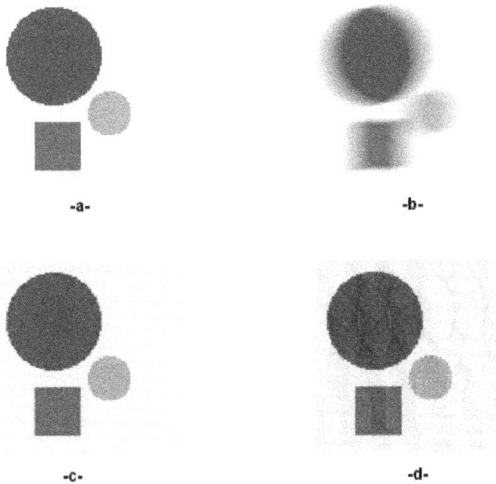

**Figure 5-20** Simulation dans le cas d'un flou de mouvement, -a- Image test,-b- Image
dégradée avec un filtre de bougé de longueur L=21 pixels, sous un angle θ=11°,-c-
Image restaurée avec la méthode proposée, PSNR=32.67 dB, -d- Image restaurée
avec la méthode de Wiener, PSNR= 21.41 dB.

## 5.4.2 Tests sur une image couleur texturée

Dans cette section, nous allons simuler l'algorithme sur une image couleur réelle de type photographique, assez texturée (figure 5.21a). Comme précédemment, on fait subir à l'image un flou de défocalisation modélisé par un filtre moyenneur de taille 5x5, additionné d'un bruit gaussien tel que SNR=28.12 dB. Les résultats obtenus dans la figure 5.21, montrent une bonne estimation de l'image, qui se concrétise par une élimination du flou avec réduction notable du bruit (figure 5.21c).

-a-                                -b-

-c-                                -d-

**Figure 5-21** Cas d'un flou de défocalisation -a- Image originale, -b- Image dégradée , -c- Image restaurée avec la méthode proposée, PSNR = 22.89 dB, -d- Image restaurée avec filtre de Wiener, PSNR=21.36 dB.

Dans la figure 5.22, on montre les résultats obtenus dans le cas d'une dégradation avec un filtre gaussien de taille 7x7 et $\sigma = 1.5$ (SNR=28.20 dB). Comparativement à la méthode de Wiener qui induit des oscillations, l'algorithme conduit à une image de très bonne qualité.

**Figure 5-22** Cas d'un flou gaussien, -a- Image originale, -b- Image dégradée , -c-
Image restaurée avec la méthode proposée, PSNR = 21.05 dB, -d- Image restaurée
avec filtre de Wiener, PSNR=20.54 dB.

**Figure 5-23** Cas d'un flou de mouvement, -a- Image originale, -b- Image dégradée , -
c- Image restaurée avec la méthode proposée, PSNR = 24.05 dB, -d- Image restaurée
avec filtre de Wiener, PSNR=23.08 dB.

Encore une fois, l'algorithme témoigne d'une grande robustesse en termes de réduction du bruit et de préservation des discontinuités (figure 5.22c). La figure 5.23 montre les résultats obtenus dans le cas d'un flou de mouvement de longueur $L = 21$ pixels et $\theta = 11°$. Suite à ces résultats de simulation, l'algorithme proposé s'adapte efficacement à la structure complexe de l'image couleur, et semble très prometteur pour des applications réelles, comme nous le verrons dans la section suivante.

## 5.5  Applications sur des images réelles

Dans cette seconde partie du chapitre, nous allons tenter d'appliquer  les modèles proposés sur quelques échantillons d'images réelles brutes de type : photographique, astronomique et médicale ; recueillies à partir d'une base d'images sur le Web.

### 5.5.1 Application sur des images photographiques

On s'intéresse aux images issues d'un appareil photo ou d'une caméra numérique. Généralement, ces images sont formées à partir d'un capteur CCD (Dispositif à transfert de charges). Celui-ci comprend de milliers de photosites qui sont disposés sous forme de matrices. Ces photosites vont accumuler des charges électriques en proportion à la lumière qu'ils reçoivent. Les tailles de ces matrices sont données en nombres de pixels, qui définissent la résolution des images. La lecture de l'image stockée s'effectue d'une manière séquentielle par transfert des paquets de charges vers la sortie jusqu'au système imageur. Signalons que la résolution de l'image dépend de la taille des photosites, plus cette taille est petite, plus l'échantillonnage sera précis et plus l'image reconstruite sera fidèle à l'originale. Toutefois, ces images ne sont pas  exemptées d'éventuelles dégradations, comme par exemple :

    - le bruit généré par le capteur  CCD et les circuits électroniques associés,

    - le bruit dû à l'échantillonnage et à la compression,

    - et éventuellement un flou induit par une aberration optique de l'instrument imageur.

La figure 5.24 montre les résultats obtenus sur une image couleur de taille 256x256x3 (format JPEG standard). Les paramètres du modèle sont tels que : $\Delta t = 0.24$, $N_f = 850$ , $N_h = 50$, $\mu = 10^{-3}$. La qualité visuelle de l'image brute semble médiocre avec la présence d'artéfacts et de bruit. La procédure de déconvolution utilisée est celle proposée à la section 4.5.2. Manifestement, l'image traitée témoigne d'une bonne régularisation qui se traduit par une réduction notable de bruit avec préservation des contours.

Figure 5-24 Traitement de l'image couleur -a- Image brute, -b- Image traitée ($\lambda = 0.3$)

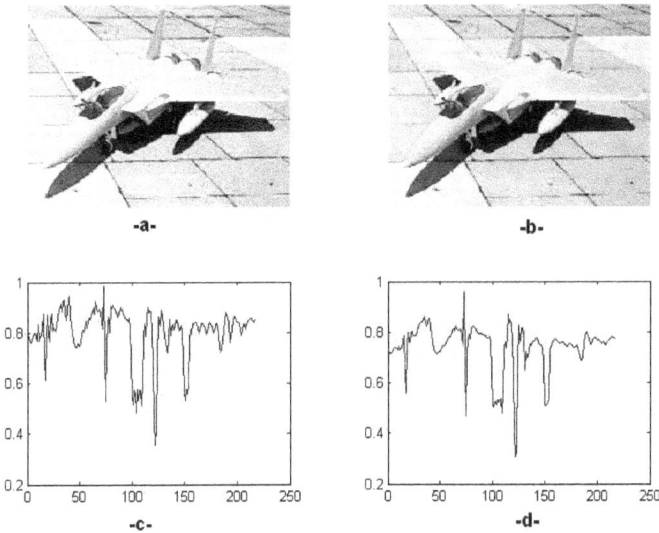

Figure 5-25 Autres exemples -a- Image brute, -b- Image traitée ($\lambda = 0.3$), -c- Vue en coupe de l'image brute (vue en profil) -d- Vue en coupe de l'image traitée.

Dans la figure 5.25, on présente les résultats obtenus sur une autre image couleur de taille 162x218x3. L'image traitée offre une meilleure qualité visuelle en termes de réduction de bruit et de rehaussement des contours.

### 5.5.2 Application sur des images astronomiques

Pour ce type d'images, le système imageur est constitué, généralement, d'une caméra CCD couplées à un télescope. Les images formées sont le plus souvent floues et brouillées, suite à l'action de deux effets principaux :

- Un effet instrumental : dû à la limite physique du télescope (ouverture finie de l'instrument),

- Un effet atmosphérique : dû à la turbulence atmosphérique qui induit des aberrations optiques.

De plus, la source lumineuse observée est elle-même sujette à des variations aléatoires qui produisent une incertitude sur le flux mesuré (bruit de photons).

La figure 5.26 montre les résultats obtenus sur une image de la planète Jupiter acquise avec un télescope branché sur une caméra CCD. Les paramètres du modèle sont tels que : $\Delta t = 0.24$, $N_f = 950$, $N_h = 50$, $\mu = 10^{-3}$. L'image traitée témoigne d'un bon rehaussement des contours, les zones telles que les cratères et les couches structurelles, ont été bien dégagées avec une bonne atténuation du bruit.

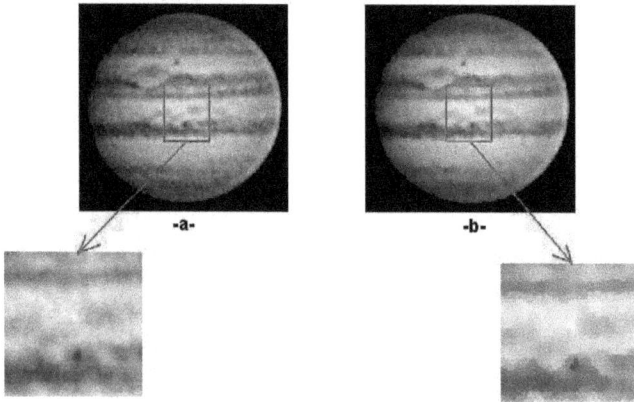

-a-          -b-

**Figure 5-26** Image de la planète Jupiter -a- Image brute, -b- Image traitée ($\lambda=0.3$)

Un autre exemple est montré dans la figure 5.27, de la même image Jupiter acquise sous un autre angle. L'image traitée montre un très bon contraste des cratères et des couches structurelles, avec une réduction notable de bruit.

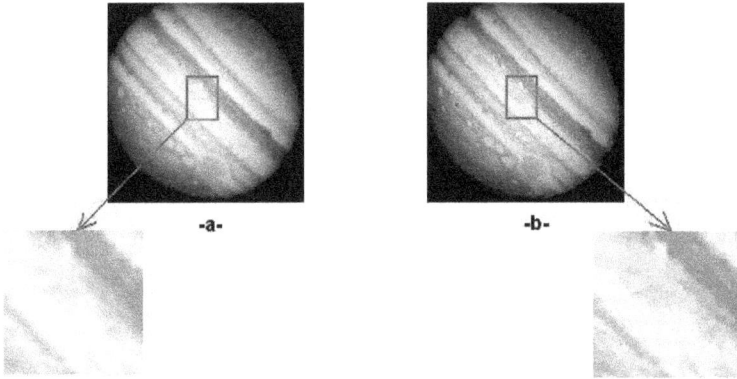

**Figure 5-27**   Autres exemples  -a- Image brute, -b- Image traitée ($\lambda=0.5$)

### 5.5.3 Application sur des images médicales

Dans cette section, nous allons nous intéresser au traitement des images médicales de type : scintigraphique, Scanner X, IRM, échographique ; recueillies à partir d'une bibliothèque médicales disponibles sur le site Web [WebA]. Pour chacune de ces images, nous exposons brièvement les modalités techniques de leur reconstruction et les dégradations inhérentes qui les affectent.

#### 5.5.3.1 Cas des images scintigraphiques

Ces images sont issues d'un examen scintigraphique qui consiste à administrer au patient une substance radioactive appelée radiotraceur  [Spr96]. Celui-ci va se concentrer dans l'organe à explorer, qui à son tour, émet un rayonnement gamma détectable par un gamma caméra à l'extérieur du corps. On effectue ainsi une image fonctionnelle de l'organe à explorer en suivant le produit radioactif. Par ailleurs, l'image scintigraphique est la plupart du temps de très mauvaise qualité comparée à celle obtenue par Scanner ou IRM. Une distorsion importante vient de la distance séparant la source aux trous du collimateur, qui doit être la plus réduite possible. A ceci vient s'ajouter un autre problème issu du gamma caméra, qui ne fournit pas une image fidèle de la distribution de la radioactivité détectée.

Cependant, la notion de restauration sur ces types d'images ne signifie pas de reproduire une image très nette des organes et du corps, comme c'est le cas des autres techniques d'imagerie, mais plutôt à rendre l'activité fonctionnelle de l'organe plus marquée, bien localisée et moins bruitée.

Dans la figure 5.28, on montre les résultats obtenus sur une image de la colonne lombaire d'une personne adulte de sexe masculin. Les paramètres du modèle sont tels que : $\Delta t = 0.24$, $N_f = 850$, $N_h = 50$, $\mu = 10^{-3}$. Le diagnostic a révélé une infection d'espace du disque de la colonne lombaire. Sur l'image brute, on décèle une activité accrue aux niveaux vertébraux (points chauds). Cette activité est rendue plus nette, moins bruitée et plus significative sur l'image restaurée. Dans le jargon médical, l'infection se trouve aux niveaux des lombaires L4 et L5.

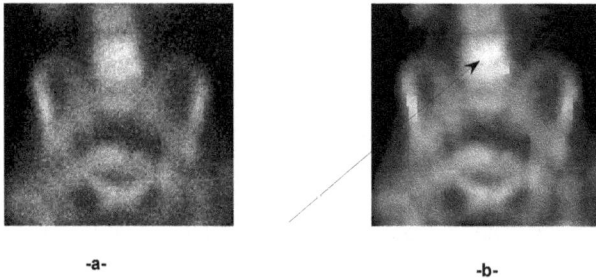

-a-                                          -b-

**Figure 5-28** Scintigraphie de la hanche,-a- Image brute, -b- Image Traitée ($\lambda=0.5$),

-a-                                          -b-

**Figure 5-29** Scintigraphie osseuse du pied, -a- Image brute, -b- Image traitée ($\lambda=0.6$),

Dans la figure 5.29, on montre les résultats obtenus dans le cas d'une scintigraphie osseuse du pied, l'image traitée montre une réduction notable du bruit, avec une très bonne délimitation des zones d'intérêt. La figure 5.30 montre les résultats obtenus dans le cas d'une scintigraphie du cœur. Les zones d'intérêt dans cette image sont les cavités cardiaques (ventricule gauche et droit), et dans lesquelles on cherche à mesurer le volume sanguin projeté. L'image traitée montre une atténuation du bruit avec une très bonne isolation des cavités dans lequel on peut mesurer avec aisance le volume sanguin.

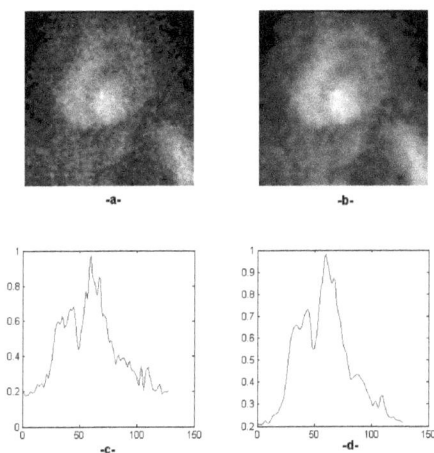

**Figure 5-30** Scintigraphie du cœur , -a- Image brute, -b- Image traitée ($\lambda$=0.8),-c- Vue en coupe de l'image brute (au niveau d'une ligne médiane),-d- Vue en coupe de l'image traitée,

### 5.5.3.2 Cas des images radiologiques

L'image radiologique est produite par un ensemble de techniques qui permettent d'obtenir les images des structures et des organes traversées par un faisceau de rayons X. La formation de l'image repose essentiellement sur le phénomène d'atténuation des photons. Souvent, les images obtenues sont de mauvaise qualité (manque de résolution et de contraste), due surtout, à la dose restreinte du rayon X qui traverse le patient. Toutefois, son utilité est vitale et incontournable surtout pour des examens de mammographies. En effet, en l'absence de tumeur palpable à l'examen clinique ou d'opacité tumorale évidente, le seul signe précoce de cancer que l'on peut observer sur une mammographie est la présence de microcalcifications. La détection des microcalcifications nécessite des images numériques de bonne qualité. Devant un foyer de microcalcifications, la décision de biopsie dépend des signes radiologiques (forme, nombre et répartition) ainsi que du contexte général (âge de la patiente, comparaison avec les anciennes mammographies et antécédents). Le foyer de microcalcifications est d'autant plus suspect que ces microcalcifications sont nombreuses et concentrées (4, 5 ou plus).

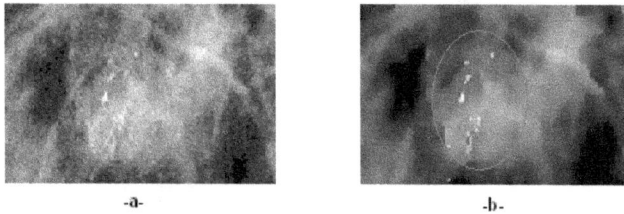

-a-                                    -b-

**Figure 5-31** Mammographie microcalcifiée,-a- Image brute,-b- Image traitée ($\lambda$=0.5),

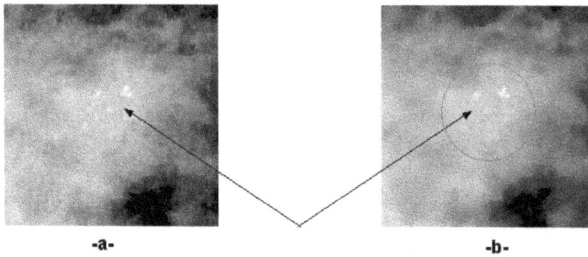

-a-                                    -b-

**Figure 5-32** Autres exemples -a- Image brute,-b- Image traitée ($\lambda$=0.7).

Dans la figure 5.31, on montre les résultats obtenus sur une image de mammographie microcalcifiée. Les paramètres du modèle sont tels que : $\Delta t = 0.24$,  $N_f = 850$, $N_h = 50$, $\mu = 10^{-3}$ . Le foyer microcalcifié difficilement décelable sur l'image brute, a été bien isolé sur l'image restaurée avec une atténuation notable de bruit. Un autre exemple est porté dans la figure 5.32, le foyer microcalcifié a été bien isolé avec réduction du bruit, ce qui rend le comptage et l'analyse plus aisé pour le praticien.

### 5.5.3.3 Cas des images tomographiques ou scanner X

Le scanner X est désormais utilisé dans de nombreux secteurs de la médecine, on l'appelle aussi tomodensitométrie, il s'appuie sur l'absorption plus ou moins importante des rayons X selon le milieu traversé (les os, par exemple, étant beaucoup plus absorbants que les tissus mous). Cette technique permet de visualiser l'objet par tranches successives de quelques millimètres d'épaisseur chacune, alors qu'une radiographie ordinaire n'offre qu'une vue en projection du volume irradié. La qualité des images dépend de plusieurs facteurs tels que : la taille du foyer, la quantité des rayons X émis (la réglementation limite la quantité de rayons admissibles par un patient au cours d'un examen), le rayonnement diffusé et le bruit électronique. Tous ces facteurs peuvent altérer le contraste des images et amplifier le bruit d'acquisition.

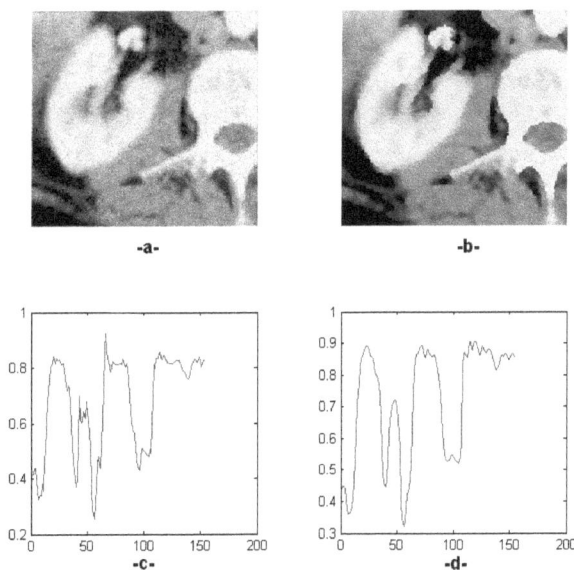

**Figure 5-33** Coupe axiale d'un scanner rénal,-a- Image brute -b- Image traitée (λ=0.5) -c- Vue en coupe de l'image brute -d- Vue en coupe de l'image traitée,

Dans la figure 5.33, on montre une coupe axiale d'un scanner rénal. Les paramètres du modèle sont tels que : $\Delta t = 0.24$, $N_f = 850$ , $N_h = 50$, $\mu = 10^{-3}$. L'image restaurée témoigne d'un bon rehaussement des contours et une atténuation notable du bruit.

Un autre exemple est porté dans la figure 5.34, d'une coupe axiale d'un scanner spinale. On note une réduction notable du bruit avec accentuation des contours spinale.

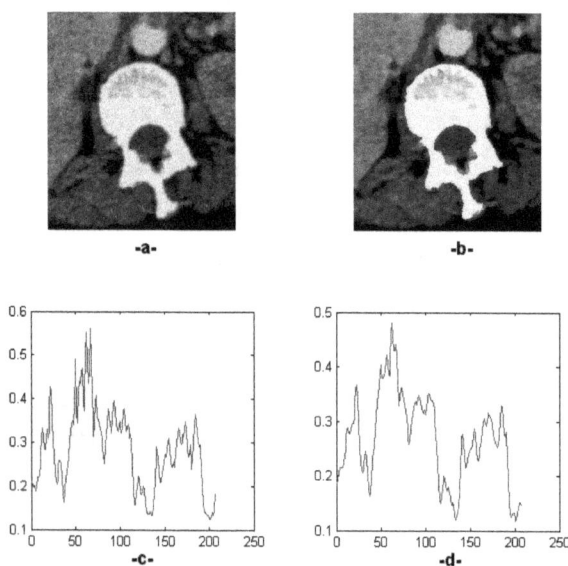

**Figure 5-34** Coupe axiale d'un scanner spinale -a- Image brute,-b- Image traitée ($\lambda = 0.7$), -c- Vue en coupe de l'image brute -d- Vue en coupe de l'image traitée

### 5.5.3.4 Cas des images ultrasonores (échographiques)

Cette technique d'imagerie est d'une innocuité totale pour le patient, elle permet de suivre le mouvement des structures anatomiques déformables en temps réel. Son principe repose sur l'utilisation des ondes ultrasonores qui sont émises et réfléchies (échos) sur les différentes structures de l'organisme. Le transducteur ultrasonore joue le rôle à la fois d'émetteur et de récepteur, qui convertit l'énergie électrique en énergie mécanique et vice versa. Les images ultrasonores souffrent souvent de bruit de type Speckle (scintillement), dû à l'interférence entre les ondes diffusées dans les tissus.

Dans la figure 5.35, on montre les résultats obtenus sur une image échographique du visage d'un fœtus. Les paramètres du modèle sont tels que: $\Delta t = 0.24$, $N_f = 850$, $N_h = 50$, $\mu = 10^{-3}$. L'image restaurée est plus significative, les zones d'intérêt tels que les contours du fœtus sont bien dégagées avec une réduction notable du bruit.

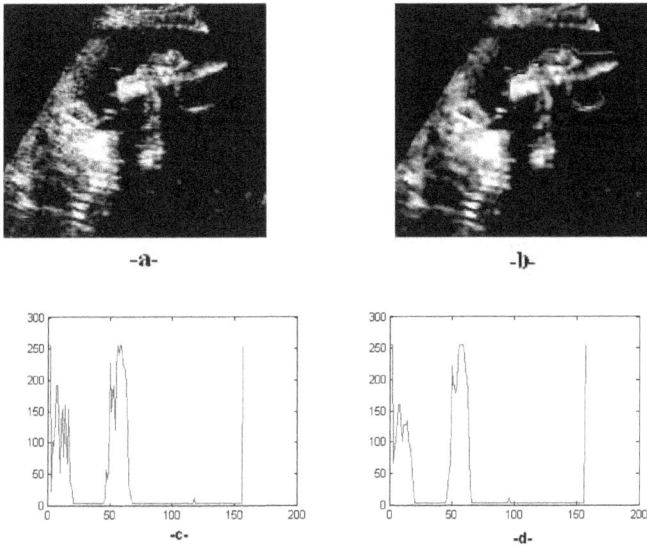

Figure 5-35 Image échographique du visage d'un fœtus,-a- Image brute, -b- Image traitée ($\lambda = 0.24$), -c- Profil transversal de l'image brute, -d- Profil transversal de l'image traitée,

### 5.5.3.5 Cas des images IRM

L'imagerie par résonance magnétique (IRM) est une technique non irradiante, qui fait appel aux propriétés magnétiques de la matière. Le bruit dans ces images peut avoir plusieurs origines : liées à l'acquisition, liées aux champs élevés, liées aux tissus excités. Dans la figure 5.36, on montre les résultats obtenus sur une image IRM d'une rupture du mécanisme interne du genou. Les paramètres du modèle sont tels que : $\Delta t = 0.24$, $N_f = 850$, $N_h = 50$, $\mu = 10^{-3}$. L'image restaurée présente un bon

rehaussement des contours, avec des zones d'intérêt bien dégagées et une atténuation
notable du bruit.

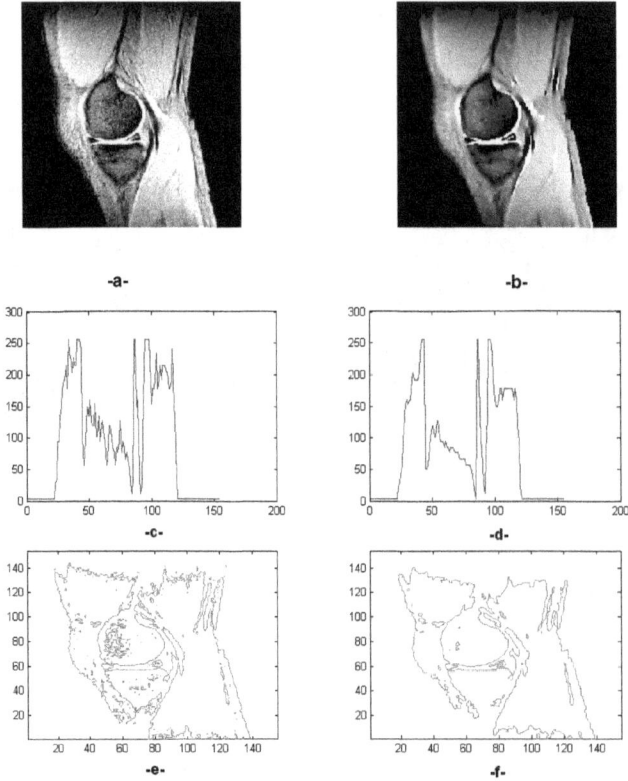

Figure -5-36 IRM d'une rupture du mécanisme interne du genou, -a- Image brute, -b-
Image traitée (λ=0.23), -c- Profil (transversal) de l'image brute, -d- Profil transversal
de l'image traitée, -e- Contour de l'image brute, -f- Contour de l'image traitée

Un autre exemple est porté dans la figure 5.37, qui représente l'image IRM d'une
lésion des ligaments croisés antéro-externe. Encore une fois, on note le bon
rehaussement des contours et l'atténuation du bruit et des artéfacts au niveau des
zones d'intérêt.

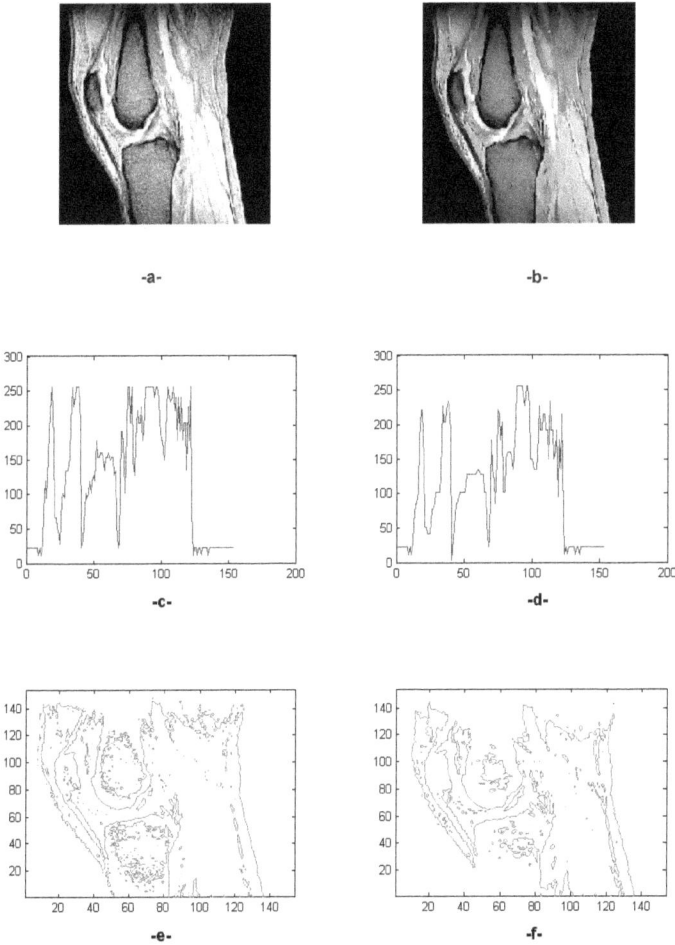

Figure -5-37 IRM d'une lésion des ligaments croisés antéro-externe, -a- Image brute, -b- Image traitée (λ=0.23), -c- Profil (transversal) de l'image brute, -d- Profil de l'image traitée, -e- Contour de l'image brute, -f- Contour de l'image traitée

## 5.6 Conclusion

Les résultats obtenus dans le cas de l'image scalaire (i.e niveaux de gris), ont montré que l'algorithme témoigne d'une grande robustesse pour l'élimination du flou, le lissage de bruit et la préservation des discontinuités et ce, face aux divers types de bruit et diverses formes de flou. Les autres méthodes, auxquelles nous avons comparé nos résultats, sont moins performantes et conduisent à des solutions sous optimales. L'étendu du modèle dans le cas de l'image couleur, a également montré une grande robustesse et efficacité et ce, malgré la forte corrélation entre les bandes spectrales de l'image.

En ce qui a trait aux applications réelles, il est extrêmement difficile de juger la qualité de l'image, car les résultats obtenus sont très subjectifs. Néanmoins, si on juge en terme d'élimination du flou (i.e. contours très prononcés), de réduction de bruit (i.e oscillations, artéfacts) et de préservation des discontinuités, on peut conclure que les modèles proposées, aussi bien dans le cas scalaire que vectoriel, ont montré une très grande fiabilité et performance. L'application sur des images astronomiques, a montré que l'algorithme permet de compenser le flou engendré par les défauts instrumentaux et de fournir une image de très bonne qualité. Dans le cas des images médicales, l'application semble très prometteuse. En effet, dans le cas des images scintigraphiques, l'algorithme peut rendre l'activité fonctionnelle de l'organe plus marquée et moins bruitée, ce qui permet de détecter et isoler facilement des zones d'intérêt pouvant aider au diagnostic. Dans le cas des images mammographiques, le traitement peut aisément dégager et isoler un foyer microcalcifié suspect. Ceci est d'une importance vitale pour détecter précocement un signe de cancer. Pour terminer, nous pouvons dire que seul le médecin ou l'expert est en mesure de juger l'importance de ces traitements.

# BIBLIOGRAPHIE

[And76] H.C Andrews, Patterson C. L, Singular Value Decompositions and Digital Image Processing, IEEE Transactions on Acoustics Speech Signal Processing (ASSP), 24 (1976) 26-53.

[Abr82] J. F. Abramatic, L. M. Silverman, Non linear Restoration of Noisy Images, IEEE Transactions on Pattern Analysis and Machine Intelligence (PAMI), 4 (2) (1982) 141-149.

[Arf85] G. Arfkenn, Mathematical Methods for Physicists, 3rd ed. Orlando, Academic Press, 1985.

[Aye88] G.R. Ayers, J.C. Dainty, Iterative Blind Deconvolution Method and its Applications, Optics Letters, 13 (7) (1988) 547-549.

[Alv94] L. Alvarez, L. Mazorra, Signal and Image Restoration using Shock Filters and Anisotropic Diffusion, Journal of the Society of Industrial and Applied Mathematics (SIAM) on Numerical Analysis 31 (2) , January 1994, 590-605.

[Aub97] G. Aubert, M. Barlaud, L. Blanc-Feraud, P. Charbonier, Deterministic Edge Preserving Regularization in Computed Imaging, IEEE Transactions on Image Processing, 6 (2), February 1997.

[Act99] S.T. Acton, A.C. Bovik, Picewise and Local Image Models for Regularized Image Restoration using Cross-Validation, IEEE Transactions on Image Processing, 8 (5), May 1999.

[Ami93] H. Amiri, Contribution au Traitement et Codage d'Images à Lignes, Doctorat Es Sciences, Ecole Nationale d'Ingénieurs de Tunis (ENIT), Juin 1993.

[Bla87] A.Blake, A.Zisserman, Visual Reconstruction MIT Press, Cambridge, 1987.

[Bat90] R.H.T. Bates, B.K. Quek, and C.R. Parker, Some Implications of Zero Sheets for Blind Deconvolution and Phase Retrieval, Journal Optical Society, 7 1990 468-479.

[Ben90] F. Benzarti, Etude et Restauration des Images d'Impédance Electrique, Mémoire de Master, Ecole Polytechnique de Montréal-Canada, 1990.

[Ben06] F. Benzarti, Restauration d'images par une approche de déconvolution aveugle basée sur la régularisation anisotrope, Thèse de doctorat, ENIT 2006.

**[Ben12]** F. Benzarti, H. Amiri, Blind Photographic Images Restoration With Discontinuities Preservation, International Journal of Computer Information Systems and Industrial Management Applications. Volume 4 (2012) pp. 609-618

**[Bou93]** C. Bouman, K. Sauer, A Generalized Gaussian Image Model for Edge Preserving MAP Estimation, IEEE Transactions on Image Processing, 2, July 1993, 296-310.

**[Ban97]** M.R. Banham, A.K. Katsaggelos, Digital Image Restoration, IEEE Signal Processing Magazine, 14 (2), March 1997, 24-41.

**[Big98]** D.S.C Biggs, M. Andrews, Asymmetric Iterative Blind Deconvolution of Multiframe Images, Proceedings SPIE, 33 (3461) 1998.

**[Bla98]** M. J. Black, G. Sapiro, D. H. Marimont, and D. Heeger, Robust Anisotropic Diffusion, IEEE Transanctions on Image Processing, 7 (1998) 421–432.

**[Bou03]** P. Bourdon, B. Augereau, C. Olivier, C. Chatellier, A PDE-based Method for Ringing Artifact Removal on Grayscale and Color JPEG2000 Images, IEEE International Conference on Acoustics Speech and Signal Processing (ICASSP2003), 3 , April 2003, 729-732.

**[Bou04]** P. Bourdon, Restauration d'images et de séquences d'images par EDP : Contibutions et Applications en Communications numériques, Thèse de Doctorat, Université de Poitiers, Novembre 2004.
**[Bou05]** P. Bourdon, B. Augereau, C. Chatellier, C. Olivier, Diffusion Géométrique pour le Masquage d'Erreurs de Quantification et de Transmission sur des Images JPEG Couleur, 20$^{\text{ème}}$ Colloque GRETSI'05 sur le Traitement du Signal et des Images, Louvain-la-Neuve, Belgique, Septembre 2005.

**[Car76]** M.P.Do Carmo, Differential Geometry of Curves and Surfaces, Prentice-Hall, 1976.

**[Can86]** J. Canny, A Computational Approach to Edge Detection, IEEE Transactions on Pattern Analysis and Machine Intelligence, 8 (6), November 1986.

**[Cal90]** B.C. McCallum, Blind Deconvolution by Simulated Annealing, Optics Communication, 75 (2), February 1990, 101-105.

**[Cho91]** C.M. Cho, H.S. Don, Blur Identification and Image Restoration using a Multilayer Neural Network, IEEE International Conference on Neural Networks, 3 (1991) 2558-2563.

**[Cha91]** M.M. Chang, A.M. Tekalp, A.T. Erdem, Blur Identification using the Bispectrum, IEEE Transactions on Signal Processing, 39 (10) (1991) 2323-2325.

**[Cit92]** S. Citrin, M.R. Azimi-Sadjadi, A Full-Plane Block Kalman Filter for Image Restoration, IEEE Transactions on Image Processing, 1 (1992) 488-494.

**[Che93]** R. Chellappa, A. Jain, Markov Random Fields: Theory and Applications, Academic Press 1993.

**[Cas96]** K. Castelman, Digital Image Processing, 1$^{th}$/edition, Prentice Hall, 1996.

**[Cha97]** P. Charbonnier, L. Blanc-Féraud, G. Aubert and M. Barlaud, Deterministic Edge Preserving Regularization in Computed Imaging, IEEE Transactions on Image Processing, 6 (2), February 1997, 298-311.

**[Cha98]** T.F Chan, Chiu-Kwong Wong, Total Variation Blind Deconvolution, IEEE Transactions on Signal Processing, 7 (3), March 1998, 370-375.

**[Col04]** S. Colonnese, P. Campisi, G. Panci, G. Scarano, Blind Image Deblurring by Nonlinear Processing in the Edge Domain, EURASIP Journal on Applied Signal Processing, 16 , February 2004, 2462-2475.

**[Che05]** Li Chen, K.H. Yap, A Soft Double Regularization Approach to Parametric Blind Image Restoration, IEEE Transactions on Image Processing, 14 (5), May 2005.

**[Diz86]** S. DiZenzo, A Note on the Gradient of a Multi-image, Computer Graphics and Image Processing CGIP, 33(1), January 1986, 116-125.

**[Dan88]** J.W. Daniel, B. Noble, Applied Linear Algebra, Prentice Hall, 1988.

**[Del88]** C.J. Delcroix, M.A Abidi, Fusion of Edge Maps in Color Images, SPIE Conference on Visual Communications and Image Processing, Cambridge Massachusetts (USA), 1001, November 1988, 545-554.

**[Dja93]** A.M Djafari, Bayesian Approach with Maximum Entropy Priors to Imaging Inverse Problems, IEEE Transactions on Image Processing, 2 , August 1993.

**[Duv94]** P. Duvaut, Traitement de Signal, Edition Hermès, 1994

**[Der96]** R. Deriche, O. Faugeras, Les EDP en Traitement des Images et Vision par Ordinateur, Revue Traitement du Signal 13 (6) 1996.

**[Eud99]** T. Eude, A. Mayache, C. Milan, A Psychovisual Quality Metric Based on Multiscale Texture Analysis, Proceedings of SPIE, N°3644 (1999) 235-244.

**[Fis95]** D.A. Fish, A.M. Brinicombe, E.R. Pike, Blind Deconvolution by Means of the Richardson Lucy algorithm, Journal Optical Society, 12 (1), January 1995, 58-65.

**[Gem84]** S.Geman, D.Geman, Stochastic Relaxation Gibbs Distributions and the Bayesian Restoration of Images, IEEE Transactions on Pattern Analysis and Machine Intelligence, 6 (6), November 1984, 721-741.

**[Gem92]** S. Geman, G. Reynolds, Constrained Restoration and the Recovery of Discontinuitie, IEEE Transactions on Pattern Analysis and Machine Intelligence, 14 (3), March 1992, 367-383.

**[Gal92]** N.P. Galatsanos, A.K Katsaggelos, Methods for Choosing the Regularization Parameter and Estimating the Noise Variance in Image Restoration and their Relation, IEEE Transactions on Image Processing, 1, July 1992, 322-336.

**[Gui97]** M.S. Guillon, Filtrage Adaptatif non Linéaire Appliqué au Rehaussement et à la Segmentation d'Images, These de Doctorat, Université De Bordeaux I, Novembre 1997.

**[Gon02]** R.C. Gonzalez, Digital Image Processing, $2^{end}$/edition, Prentice Hall, 2002.

**[Gal02]** N.P. Galatsanos, Hyperparameter Estimation in Image Restoration Problems with Partially Known Blurs, Optical Engineering, 41 (8), August 2002, 1845-1854.

**[Had23]** J. Hadamard, Lectures on the Cauchy Problem in Linear Partial Differential Equations, Yule University Press, 1923.

**[Hun77]** B. Hunt, Bayesian Methods in Nonlinear Digital Image Restoration, IEEE Transactions on Communication, 26 (1977) 219-229.

**[Han90]** P.C. Hansen, Truncated Singular Value Decomposition Solutions to Discrete Ill-posed Problems with Ill-determined Numerical Rank, Journal SIAM, 11 (1990) 503-518.

**[Hil91]** A.D. Hillery , R.T. Chin, Iterative Wiener Filters for Image Restoration, IEEE Transactions on Signal Processing, 39 , August 1991, 1892-1899.

**[Hay91]** S. Haykin, Blind Deconvolution, Prentice Hall, Englewood Cliffs, NJ, 1991.

**[Han93]** P.C. Hansen , D.P. O'Leary, The Use of the L-curve in the Regularized of Discrete Ill-posed Problems, Journal SIAM, 14 (1993) 1487-1503.

**[Ham05]** K. Hamrouni, Contributions à l'Analyse et à la Segmentation d'Images, Habilitation Universitaire, Ecole Nationale d'Ingénieurs de Tunis (ENIT), Décembre 2005.

[Jain89] A. K. Jain, Fundamentals of Digital Image Processing, First edition, Englewood Cliffs, NJ, Prentice-Hall, 1989.

[Jal01] A. Jalobeanu, "Modèles, Estimation Bayésienne et Algorithmes pour la Déconvolution d'Images Satellitaires et Aériennes". Thèse de doctorat, Université de Nice-Sophia Antipolis, Décembre 2001.

[Koe84] J.J. Koenderink,The structure of Images, Biological Cybernetics, 50 (5) (1984) 363-370.

[Kat89] A.K. Katsaggelos," Iterative Image Restoration algorithms". Optical Engineering, 28 (7), July 1989.

[Kar90] N. B. Karayiznnis and A. N. Venetsanopoulos, Regularization Theory in Image Restoration The Stabilizing Functional Approach, IEEE Transactions on Signal Processing, 38, July 1990, 1155-1179.

[Kat91a] A.K. Katsaggelos, Digital Image Restoration, New York, Springer Verlag, 1991.

[Kat91b] A.K. Katsaggelos , J. Biemond, R.W. Schafer, R.M. Mersereau, A Regularized Iterative Image Restoration Algorithm, IEEE Transactions on ASSP, 39, April 1991, 914-929.

[Kan94] M. G. Kang and A. K. Katsaggelos, Frequency-Domain Adaptive Iterative Image Restoration and Evelution of the Regularization Parameter, Optical Engineering, 13 (10), October 1994, 3222-3232.

[Kun96] D. Kundur, and D. Hatzinakos, Blind Image Deconvolution, IEEE Signal Processing Magazine, 13 (3), May 1996, 43-64.

[Kor97] P. Kornprobst, R. Deriche, and G. Aubert, Nonlinear Operators in Image Restoration, Proceedings of the International Conference on Computer Vision and Pattern Recognition, Puerto Rico, IEEE Computer Society, June 1997, 325-331.

[Kun98] D. Kundur, and D. Hatzinakos, A Novel Blind Deconvolution Scheme for Image Restoration using Recursive Filtering, IEEE Transactions on Signal Processing, 46 (1998) 375-390.

[Kir03] A. Kirzilkaya, A. H. Kayran, 2-D ARMA Model Parameter Estimation using ARMA-Cepstrum Recursion, Proceedings of International Conference on Signal Processing, 1 (2), September 2003, 266-270.

[Luc74] L.B. Lucy, An Iterative Technique for The Rectification of Observed Images, Astronomical Journal, 79 (6) (1974) 8-37.

[Lee80] J.-S. Lee, Digital Image Enhancement and Noise Filtering by use of Local Statistics, IEEE Transactions on Pattern Analysis and Machine Intelligence, 2 (1980) 165–168.

[Lan86] C. Lanczos, The Variational Principles of Mechanics, 4th edition, New York: Dover, 1986.

[Lan87] R.G. Lane and R.H.T. Bates, Automatic Multidimensional Deconvolution, Journal Optical Society, 4 (1987) 180-188.

[Lag88] R.L. Lagendijk, J. Biemond and D. E. Boekee, Regularized Iterative Image Restoration with Ringing Reduction, IEEE Transactions on ASSP, 36 (12), December 1988, 1874-1887.

[Lag90a] R.L. Lagendijk, A.M. Tekalp, J. Biemond, Maximum Likelihood Image and Blur Identification a Unifying Approach, Optical Engineering, 29 (5), May 1990, 422-435.

[Lag90b] R.L. Lagendijk, J. Biemond, D.E. Boekee, Identification and Restoration of Noisy Blurred Images using the Expectation Maximization algorithm, IEEE Transactions on ASSP, 38 (7), July 1990.

[Lay90] K.T. Lay, A.K. Katsaggelos, Image Identification and Restoration Based on The Expectation Maximization Algorithm, Optical Engineering, 29, May 1990, 436-445,.

[Lan92] R.G. Lane, Blind Deconvolution of Speckle Images, Journal Optical Society, 9 (9), September 1992, 1508-1514.

[Lav94] M. Laviéville, Statistiques et Probabilités, Dunod Université, 1994

[Li95a] S. Z. Li, On discontinuity-Adaptative Smoothness Priors in Computer Vision, IEEE Transactions on Pattern Analysis and Machine Intelligence, 17 (6) (1995) 576-586.

[Li95b] S.Z. Li, Markov Random Field Modeling in Computer Vision, Springer-Verlag, New-York, Berlin, Heidelberg, Tokyo 1995.

[Lik04] A.C. Likas, N.P. Galatsanos, A Variational Approach for Bayesian Blind Image Deconvolution, IEEE Transactions on Signal Processing, 52 (8), August 2004.

[Lun04] D.P.K Lun, T.C.L Chan, T.C. Hsung, D.D. Feng, Y.H Chan, Efficient Blind Image Restoration Discrete Periodic Radon Transform, IEEE Transactions on Image Processing, 13 (2), February 2004.

**[Mes95]** V.Z. Mesarovic & N. P. Galatsanos,A.K. Katsaggelos, Regularized Constrained Total Least Squares Image Restoration, IEEE Transactions on Image Processing, 4, August 1995, 1096-1108,.

**[Mar99]** J. Markham, J. A. Conchello, Parametric Blind Deconvolution : a Robust Method for the Simultaneous estimation of Image and Blur, Journal Optical Society, 16 (10), October 1999, 2377-2391.

**[Mig00]** M.Mignotte, J.Meunier, Three Dimensional Blind Deconvolution of SPECT images, IEEE Transactions on Biomedical Engineering, 47 (2) (2000) 274-281.

**[Mes00]** V.Z. Mesarovic, N.P. Galatsanos, M. N. Wernick, Iterative Linear Minimum Mean Square Error Image Restoration from Partially Known Blur, Optical Society of America, 17 (4), April 2000, 711-723.

**[Mol01]** R. Molina, J. Nunez, F.J. Cortijo, J. Mateos, Image Restoration in Astronomy, IEEE Signal Processing Magazine, March 2001, 11-29.

**[Mig02]** M.Mignotte, J.Meunier, S-P.Soucy, C.Janicki, Comparison of Deconvolution Techniques using a Distribution Mixture Parameter Estimation: Application in Single Photon Emission Computed Tomography Imagery, Journal of Electronic Imaging, 11 (1), January 2002.

**[Mba02]** J. Mbainaibeye, Codage et Compression d'Images par Ondelettes, Thèse de Doctorat à l'Ecole Nationale d'Ingénieurs de Tunis (ENIT), 2002.

**[Nik91]**C.L. Nikias, A.P. Petropulu, Higher Order Spectral Analysis, A non Linear Processing Framework, New Jersey, Prentice Hall, 1991.

**[Nit92]** M. Nitzberg and T. Shiota, "Nonlinear Image Filtering with Edge and Corner Enhancement". IEEE Transactions on PAMI, 14 (1992) 826–833.

**[Nag96]** J.G. Nagy, R.J. Plemmons, T.C. Torgersen, Iterative Image Restoration using Approximate Inverse Preconditioning, IEEE Transactions on Image Processing, 5, July 1996, 1151-1162.

**[Ngu01]** N. Nguyen, P. Milanfar, G. Golub, Efficient Generalized Cross-Validation With Applications to Parametric Image Restoration and Resolution Enhancement, IEEE Transactions on Image Processing, 10 (9) September 2001, 1299-1308,.

**[Per98]** P. Perona , Orientation Diffusion, IEEE Transactions on Image Processing, 7 (3) (1998) 547-567.

**[Pra91]** W.K. Pratt, Digital Image Processing, Wiley Interscience, New York, 1991.

**[Per90]** P. Perona and J. Malik, Scale-space and Edge Detection using Anisotropic Diffusion, IEEE Transactions on PAMI, 12 (1990) 629–639.

**[Ree90]** S. J. Reeves, A Cross Validation Approach to Image Restoration and Blur Identification, Ph.D Thesis, Georgia Institute Technology, 1990.

**[Rud92]** L. Rudin, S. Osher, E. Fatemi, Nonlinear Total Variation Based Noise Removal Algorithms, Physica D, 60 (1992) 259-268.

**[Ree92]** S. J Reeves & R.M , Mersereau, Blur Identification by the Method of Generalized Cross-Validation, IEEE Transactions on Image Processing, 1, July 1992, 119-123,.

**[Sew88]** G. Sewell, The Numerical Solution of Ordering and Partial Differentieal Equations, Academic Press, Inc. London, 1988.

**[Spr93]** P. Sprawls, Physical Principles of Medical Imaging, Madison, 1993.

**[Sta94]** J.L. Starck, A. Bijaoui, Filtering and Deconvolution by Wavelet Transform, IEEE Transactions on Signal Processing , 35, February 1994, 195-211.

**[Sap96]** G. Sapiro and D.L. Ringach, "Anisotropic Diffusion in Color Space". IEEE transactions on Image Processing, 5 (1996) 1582–1586.

**[Sap01]** G. Sapiro, "Geometric Partial Differentiel Equations and Image Processing". Cambridge University Press, 2001.

**[Shi03]** U. Shinji, Blind Deconvolution of Images using Gabor Filters and Independent Component Analysis, 4th International Symposium on Independent Component Analysis and Blind Signal Separation (ICA2003), Nara-Japan, April 2003,

**[Tik77]** A. Tikhonov, V. Arsenin, Solutions of Ill-Posed Problems, Washington, DC, Winston and Sons, 1977.

**[Tor96]** F. Torkamani-Azar and K. E. Tait, Image Recovery using the Anisotropic Diffusion Equation, IEEE Transactions on Image Processing, 5 (1996) 1573–1578.

**[Teb98]** S. Teboul, L. Blanc-Feraud, G. Aubert, and M. Barlaud, Variational Approach for Edge-Preserving Regularization using Coupled PDE's, IEEE Transactions on Image Processing, 7 (3) (1998), 387-397.

[Tan99] B. Tang, G. Sapiro, and V. Caselles, Direction Diffusion, International Conference on Computer Vision, 1 (1999).

[Tsc02] D. Tschumperle, R. Deriche, Diffusion PDE's on Vector-Valued images, IEEE Signal Processing Magazine, 19 (5) (2002) 15-25.

[Tsc03] D. Tschumperle, R. Deriche, Vector Valued Image Regularization with PDE's: A Common Framework for Different Applications, IEEE Conference on Computer Vision and Pattern Recognition Madison, Wisconsin (USA), June 2003.

[Ong99] C.A. Ong, J.A. Chambers, An Enhanced NAS-RIF Algorithm for Blind Image Deconvolution, IEEE Transactions on Image Processing, 8 (7), July 1999.

[You96] Y.L. You, M. Kaveh, A Regularization Approach to Joint Blur Identification and Image Restoration, IEEE Transactions on Image Processing, 5, March 1996, 416-428.

[You99] Y.L. You, M. Kaveh, Blind Image Restoration by Anisotropic Regularization, IEEE Transactions on Image Processing, 8 (3), March 1999, 396-407.

[Yan01] S. Yang, Yu Hun. Hu, T.Q. Nguyen, D.L, Tull, Maximum Likelihood Parameter Estimation for Image Ringing Artefact Removal, IEEE Transactions On Circuits and Systems for Video Technology, 11 (8), August 2001.

[Zho88] Y.T. Zhou, R. Chellappa, B.K. Jenkins, Image Restoration Using a Neural Network, IEEE Transactions on ASSP, 36, July 1988, 1141-1151.

[Wan81] D. Wang, A. Vagnucci, C.C. Li, Gradient Inverse Weighted Smoothing Scheme and the Evaluation of its Performances, Computer Graphics and Image Processing 15 (1981) 167-181.

[Wan04] Z. Wang, A. C. Bovik, H. R. Sheikh and E. P. Simoncelli, "Image quality assessment: From error visibility to structural similarity," IEEE Transactions on Image Processing, vol. 13, no. 4, pp. 600-612, avril 2004.

[Whi94] R.L. White, Image Restoration using the Damped Richardson Lucy Method, Space Telescope Science Institute, (1994) 104-110.

[Wei99] J. Weickert, Nonlinear Diffusion Filtering, Handbook on Computer Vision and Applications, Academic Press, 2 (1999) 423-450.

[Wei01] J. Weickert, Efficient Image Segmentation using PDE's and Morphology, IEEE Pattern Recognition, 34 (9), September 2001, 1813-1824.

[WebA] Bibliothèque Médicale BML : http://www.bmlweb.org/image.html.

**ANNEXES**

## ANNEXE A

## CONDITIONNEMENT D'UNE MATRICE

### A1- Position du problème

Certains modèles linéaires en mécanique, physique, traitement d'images et autres...,
conduisent souvent à la résolution de systèmes linéaires qu'on représente
matriciellement par une équation du type $g = Hf$, (avec $f$ inconnu). Il arrive parfois
qu'une petite variation sur les données $g$ entraîne une grande variation sur $f$. On dit
dans ce cas que la matrice $H$ est *mal conditionnée*.

<u>Prenons un exemple</u> : soit à résoudre le système $g = Hf$ , où H est égale à :

$$H = \begin{bmatrix} 10 & 7 & 8 & 7 \\ 7 & 5 & 6 & 7 \\ 8 & 6 & 10 & 9 \\ 7 & 5 & 9 & 10 \end{bmatrix} \qquad (A.1)$$

- Premier cas, si $g$ vaut $g = \begin{bmatrix} 32 \\ 33 \\ 33 \\ 31 \end{bmatrix}$ , on trouve alors pour $f = \begin{bmatrix} 1 \\ 1 \\ 1 \\ 1 \end{bmatrix}$ ,

- Maintenant, si $g$ a subit une légère variation (due au bruit par exemple), soit :

$$g = \begin{bmatrix} 32,1 \\ 32.9 \\ 33,1 \\ 30.9 \end{bmatrix} , \text{ alors on trouve alors pour } f = \begin{bmatrix} 9,2 \\ -12,6 \\ 4,5 \\ -11 \end{bmatrix}$$

On conclue alors qu'une petite variation sur $g$ a engendré une grande variation sur $f$,
car la matrice $H$ est mal conditionnée. Son conditionnement est égale à :
$Cond(H) = \|H\| \, \|H\|^{-1}$ et vaut $Cond(H) = 4488 >> 1$ [Dan88].

### A2- Démonstration

Considérons le système linéaire $g = Hf$, avec une perturbation $\delta g$ (sur $g$) et une
perturbation $\delta f$ (sur $f$), alors la forme matricielle conduit à :

$$g = Hf \tag{A.2}$$

$$g + \delta g = H(f + \delta f) \tag{A.3}$$

Ceci conduit à :

$$\delta g = H \quad \delta f \tag{A.4}$$

Soit :

$$\delta f = H^{-1} \delta g \tag{A.5}$$

En appliquant la norme sur (A.2), on a :

$$\|g\| = \|Hf\| \le \|H\| \, \|f\| \tag{A.6}$$

Soit

$$\frac{1}{\|f\|} \le \frac{\|H\|}{\|g\|} \tag{A.7}$$

De même, pour (A.5) on a:

$$\|\delta f\| = \|H^{-1}\delta g\| \le \|H^{-1}\| \, \|\delta g\| \tag{A.8}$$

En effectuant le produit membre à membre :

$$\frac{\|\delta f\|}{\|f\|} \le \|H^{-1}\| \, \|H\| \frac{\|\delta g\|}{\|g\|} \tag{A.9}$$

Le produit $\|H^{-1}\| \, \|H\|$ étant le conditionnement de H, en utilisant les valeurs propres $\|H\|=|\lambda_{max}|$, $\|H^{-1}\|=1/|\lambda_{min}|$ , ceci conduit à :

$$\frac{\|\delta f\|}{\|f\|} \le \frac{|\lambda_{max}|}{|\lambda_{min}|} \frac{\|\delta g\|}{\|g\|} \tag{A.10}$$

Si $\mathbf{H}$ est mal conditionnée $((|\lambda_{min}| \ll |\lambda_{max}|)$, le rapport $\|\boldsymbol{\delta f}\|/\|\mathbf{f}\|$ ne peut pas être borné par une constante de faible valeur, et $\|\boldsymbol{\delta f}\|$ peut être très grand à $\|\mathbf{f}\|$, rendant ainsi la solution instable.

## A3- Régularisation de la solution

La régularisation a été introduite pour remédier à l'instabilité du problème inverse en présence du bruit. La régularisation de Tikhonov [Tik77] est à l'origine des méthodes déterministes de la régularisation, et dans laquelle on cherche à minimiser une fonctionnelle de la forme:

$$\min J(f) = \|\mathbf{g} - \mathbf{Hf}\|^2 + \lambda \|\mathbf{Lf}\|^2 \qquad \textbf{(A.11)}$$

Avec L : opérateur linéaire

La minimisation de J(f) conduit alors :

$$\frac{\partial \mathbf{J}}{\partial \mathbf{f}} = 2\mathbf{H}^{\mathbf{T}}(\mathbf{g} - \mathbf{Hf}) + 2\lambda \mathbf{L}^{\mathbf{T}}\mathbf{Lf} = 0 \qquad \textbf{(A.12)}$$

De cette équation, on en déduit la solution $\mathbf{f}$, telle que :

$$\hat{\mathbf{f}} = (\mathbf{H}^{\mathbf{T}}\mathbf{H} + \lambda \mathbf{L}^{\mathbf{T}}\mathbf{L})^{-1}\mathbf{H}^{\mathbf{T}}\mathbf{g} \qquad \textbf{(A.13)}$$

Pour l'exemple numérique énoncé dans (A.1), on peut régulariser la solution en adoptant l'équation (A.13) et ce, malgré le mauvais conditionnement de la matrice $\mathbf{H}$. En choisissant L = I (matrice identité) et $\lambda$=0.1, on obtient pour $\mathbf{f}$ : $\mathbf{f}$ =[ 1.06   0.79 1.17   0.88], ce qui conduit à une solution acceptable.

*ANNEXE B*

## *CALCUL VARIATIONNEL ET EDP*

### B1- Equation d'Euler-Lagrange

Le calcul variationnel est un outil mathématique très important [Lan86], car il permet de trouver les extrema d'une fonction. Soit à minimiser la fonctionnelle E(f) suivante :

$$\min_{f:\Omega \to R} E(f) = \int_\Omega F(x,y,f(x,y),f_x(x,y),f_y(x,y))d\Omega \qquad \text{(B.1)}$$

Avec F : fonction différentiable, f variable différentiable, $f_x$ et $f_y$ les composantes du gradient de f.

Analytiquement ce problème n'est pas trivial à résoudre. Mais on pourrait l'aborder autrement, en utilisant la formule ou l'équation d'Euler-Lagrange qui donne une condition nécessaire sur la fonction I pour atteindre le minimum de E(f). Il faut que le gradient de E(f) soit nulle, soit:

$$\nabla E = \frac{\partial F}{\partial f} - \frac{d}{dx}\frac{\partial F}{\partial f_x} - \frac{d}{dy}\frac{\partial F}{\partial f_y} = 0 \qquad \text{(B.2)}$$

Pour éviter la difficulté de la résolution directe de cette EDP, une méthode itérative par descente du gradient peut être utilisée. Partant d'une fonction initiale $f_0$ et en suivant la direction opposée du gradient de E(f), on peut atteindre un minimum local $f_{min}$ de E(f) , soit :

$$\begin{cases} f_{(t=0)} = f_0 \\ \dfrac{\partial f}{\partial t} = -\nabla E \end{cases} \qquad \text{(B.3)}$$

Si la fonctionnelle E(f) n'est pas convexe, le point initial choisi $f_0$ doit être le plus proche du minimum global de E(f). Autrement, la solution sera assujettie aux minimums locaux. Il est à noter que l'équation d'évolution (B.3), a été paramétrée par une variable temps artificielle t qui décrit la progression continue de la fonction f jusqu'à atteindre le minimum de E(f), ou la vélocité de l'EDP s'annule ($\partial f/\partial t=0$).

**B2- Décomposition du terme de divergence relatif à l'EDP non-linéaire**

Il s'agit de démontrer la relation :

$$div(\frac{\phi'(|\nabla f|)}{|\nabla f|}\nabla f) = \frac{\phi'(|\nabla f|)}{|\nabla f|}f_{\xi\xi} + \phi''(|\nabla f|)f_{\eta\eta} \qquad \textbf{(B.4)}$$

Avec : $div = (\frac{\partial}{\partial x},\frac{\partial}{\partial y})$ , $|\nabla f| = \sqrt{f_x^2 + f_y^2}$ , $\nabla f = (f_x, f_y)$ .

En développant la divergence:

$$div(\frac{\phi'(|\nabla f|)}{|\nabla f|}\nabla f) = \frac{\partial}{\partial x}(\frac{\phi'(\sqrt{f_x^2+f_y^2})}{\sqrt{f_x^2+f_y^2}}f_x) + \frac{\partial}{\partial y}(\frac{\phi'(\sqrt{f_x^2+f_y^2})}{\sqrt{f_x^2+f_y^2}}f_y) \qquad \textbf{(B.5)}$$

Le premier terme conduit à:

$$\frac{\partial}{\partial x}(\frac{\phi'(\sqrt{f_x^2+f_y^2})}{\sqrt{f_x^2+f_y^2}}f_x) = \frac{\partial\phi'(\sqrt{f_x^2+f_y^2})}{\partial x}\frac{f_x}{\sqrt{f_x^2+f_y^2}} + \phi'(\sqrt{f_x^2+f_y^2})\frac{\partial}{\partial x}\frac{f_x}{\sqrt{f_x^2+f_y^2}} \qquad \textbf{(B.6)}$$

Avec:

$$\frac{\partial\phi'(\sqrt{f_x^2+f_y^2})}{\partial x} = \phi''(\sqrt{f_x^2+f_y^2})\frac{f_xf_{xx}+f_yf_{xy}}{\sqrt{f_x^2+f_y^2}} \qquad \textbf{(B.7)}$$

$$\frac{\partial}{\partial x}\frac{f_x}{\sqrt{f_x^2+f_y^2}} = \frac{f_y^2 f_{xx} - f_x f_y f_{xy}}{\sqrt{f_x^2+f_y^2}} \qquad \textbf{(B.8)}$$

Ceci conduit alors à :

$$\frac{\partial}{\partial x}(\frac{\phi'(\sqrt{f_x^2+f_y^2})}{\sqrt{f_x^2+f_y^2}}f_x) = \phi''(\sqrt{f_x^2+f_y^2})\frac{f_x^2 f_{xx} + f_x f_y f_{xy}}{f_x^2+f_y^2} + \phi'(\sqrt{f_x^2+f_y^2})\frac{f_y^2 f_{xx} - f_x f_y f_{xy}}{(f_x^2+f_y^2)^{3/2}} \qquad \textbf{(B.9)}$$

Par similarité, le second terme de B.5 s'écrit:

$$\frac{\partial}{\partial y}(\frac{\phi'(\sqrt{f_x^2+f_y^2})}{\sqrt{f_x^2+f_y^2}}f_y) = \phi''(\sqrt{f_x^2+f_y^2})\frac{f_y^2 f_{yy} + f_x f_y f_{xy}}{f_x^2+f_y^2} + \phi'(\sqrt{f_x^2+f_y^2})\frac{f_x^2 f_{xx} - f_x f_y f_{xy}}{(f_x^2+f_y^2)^{3/2}} \qquad \textbf{(B.10)}$$

En associant B.9 et B.10, on en déduit alors la relation :

$$div(\frac{\phi'(|\nabla f|)}{|\nabla f|}\nabla f) = \frac{\phi'(|\nabla f|)}{|\nabla f|}(\frac{f_y^2 f_{xx} - 2f_x f_y f_{xy} + f_x^2 f_{yy}}{(f_x^2 + f_y^2)}) + \phi''(|\nabla f|)(\frac{f_x^2 f_{xx} + 2f_x f_y f_{xy} + f_y^2 f_{yy}}{(f_x^2 + f_y^2)}) \quad \textbf{(B.11)}$$

En introduisant les orientations locales du gradient dans le repère local ($\eta$ ,$\xi$) tel que:

$\eta = (\cos\theta , \sin\theta)$ et $\xi = (-\sin\theta, \cos\theta)$ , avec $\cos\theta = \dfrac{f_x}{\sqrt{f_x^2 + f_y^2}}, \sin\theta = \dfrac{f_y}{\sqrt{f_x^2 + f_y^2}}$ , alors le

second terme de (B.11) peut se mettre sous la forme :

$$
\begin{aligned}
(\frac{f_x^2 f_{xx} + 2f_x f_y f_{xy} + f_y^2 f_{yy}}{(f_x^2 + f_y^2)}) &= f_{xx}\cos^2\theta + 2f_{xy}\cos\theta\sin\theta + f_{yy}\sin^2\theta \\
&= \begin{bmatrix} \cos\theta & \sin\theta \end{bmatrix}\begin{bmatrix} f_{xx} & f_{xy} \\ f_{yx} & f_{yy} \end{bmatrix}\begin{bmatrix} \cos\theta \\ \sin\theta \end{bmatrix} \qquad \textbf{(B.12)}\\
&= \eta^T H \eta
\end{aligned}
$$

Ce qui correspond à la dérivée seconde $f_{\eta\eta} = \dfrac{\partial^2 f}{\partial \eta^2} = \eta^T H \eta$    dans la direction $\eta$ du

gradient (H étant la matrice Hessienne).

De même :

$$
\begin{aligned}
(\frac{f_y^2 f_{xx} - 2f_x f_y f_{xy} + f_x^2 f_{yy}}{(f_x^2 + f_y^2)}) &= f_{xx}\sin^2\theta - 2f_{xy}\cos\theta\sin\theta + f_{yy}\cos^2\theta \\
&= \begin{bmatrix} -\sin\theta & \cos\theta \end{bmatrix}\begin{bmatrix} f_{xx} & f_{xy} \\ f_{yx} & f_{yy} \end{bmatrix}\begin{bmatrix} -\sin\theta \\ \cos\theta \end{bmatrix} \qquad \textbf{(B.13)}\\
&= \begin{bmatrix} \cos(\theta+\pi/2) & \sin(\theta+\pi/2) \end{bmatrix}\begin{bmatrix} f_{xx} & f_{xy} \\ f_{yx} & f_{yy} \end{bmatrix}\begin{bmatrix} \cos(\theta+\pi/2) \\ \sin(\theta+\pi/2) \end{bmatrix} \\
&= \xi^T H \xi
\end{aligned}
$$

C'est la dérivée seconde $f_{\xi\xi} = \dfrac{\partial^2 f}{\partial \xi^2} = \xi^T H \xi$    dans la direction $\xi$ normal au gradient.

D'où la relation :

$$div(\frac{\phi'(|\nabla f|)}{|\nabla f|}\nabla f) = \frac{\phi'(|\nabla f|)}{|\nabla f|}f_{\xi\xi} + \phi''(|\nabla f|)f_{\eta\eta} \qquad \textbf{(B.14)}$$

## B3- Discrétisation de l'EDP non-linéaire

L'approche par différences finies permet aisément de discrétiser les EDP. Considérons l'équation de divergence suivante :

$$div(c\nabla f) = \nabla.(c\nabla f)$$ (B.15)

Avec : $c = \dfrac{\phi'(|\nabla f|)}{|\nabla f|}$

Pour la clarté, on utilisera les notations : $\partial f/\partial x = \partial_x f$, $\partial f/\partial y = \partial_y f$ , de même $f_{i,j}$ pour indicer f avec les indices spatiales (i,j), idem pour la fonction c ($c_{i,j}$). En développant (B.15) par rapport aux composantes spatiales (x,y), on obtient :

$$div(c\nabla f) = \partial_x(c\partial_x f) + \partial_y(c\partial_y f)$$ (B.16)

Les termes $\partial_x(c\partial_x f)$ et $\partial_y(c\partial_y f)$ sont approchés par de simple différences finies : telle que la dérivée à gauche (dans la direction x) $\partial_x^- f = f_{i,j} - f_{i-1,j}$ et la dérivée à droite $\partial_x^+ f = f_{i+1,j} - f_{i,j}$. On peut générer, ainsi, un stencil pour le terme $\partial_x(c\partial_x f)$, soit [Wei98]:

$$\partial_x(c\partial_x f) \approx \frac{1}{2}(\partial_x^+(c\partial_x^- f) + \partial_x^-(c\partial_x^+ f))$$ (B.17)

On alors :

$$\partial_x^+(c\partial_x^- f) = \partial_x^+(c_{i,j}(f_{i,j} - f_{i-1,j}))$$
$$= c_{i+1,j}(f_{i+1,j} - f_{i,j}) - c_{i,j}(f_{i,j} - f_{i-1,j})$$ (B.18)

Et :

$$\partial_x^-(c\partial_x^+ f) = \partial_x^-(c_{i,j}(f_{i+1,j} - f_{i,j}))$$
$$= c_{i,j}(f_{i+1,j} - f_{i,j}) - c_{i-1,j}(f_{i,j} - f_{i-1,j})$$ (B.19)

En associant les deux résultats (B.18) et (B.19), on obtient :

$$\partial_x(c\partial_x f) \approx \frac{1}{2}((c_{i,j} + c_{i+1,j})(f_{i+1,j} - f_{i,j}) - (c_{i-1,j} + c_{i,j})(f_{i,j} - f_{i-1,j}))$$ (B.20)

Par analogie, on obtient pour le terme $\partial_y(c\partial_y f)$ de (B.16) :

$$\partial_y(c\partial_y f) \approx \frac{1}{2}((c_{i,j} + c_{i,j+1})(f_{i,j+1} - f_{i,j}) - (c_{i,j-1} + c_{i,j})(f_{i,j} - f_{i,j-1})) \qquad \textbf{(B.20)}$$

Finalement, on obtient pour le terme de divergence discrétisé :

$$div(c\nabla f) = (c_{i,j} + c_{i+1,j})(f_{i+1,j} - f_{i,j}) - (c_{i-1,j} + c_{i,j})(f_{i,j} - f_{i-1,j}) + ...$$
$$(c_{i,j} + c_{i,j+1})(f_{i,j+1} - f_{i,j}) - (c_{i,j-1} + c_{i,j})(f_{i,j} - f_{i,j-1}) = \sum_{p \in \eta s} c_{s,p} \nabla f_{s,p} \qquad \textbf{(B.21)}$$

Avec $\eta s$ : Voisinage spatial du pixel s (figure B.1) ,et $\nabla f_{s,p} = f_p - f_s$ avec $p \in \eta s$

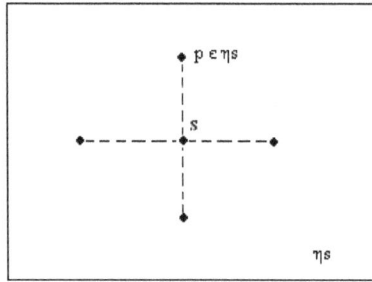

**Figure B.1** Voisinage spatial de $\eta s$

**B4- Démonstration relative à l'EDP linéaire parabolique**

Nous allons démontrer que l'équation de la chaleur ou EDP linéaire parabolique, admet comme solution unique la convolution de l'image $I(x,y)$ par un opérateur gaussien $G_\sigma(x,y)$ [Koe84], $(I*G_\sigma)$, avec $\sigma^2 = 2\,t$, soit :

$$\frac{\partial(I*G_\sigma)}{\partial t} = \frac{\partial^2(I*G_\sigma)}{\partial x^2} + \frac{\partial^2(I*G_\sigma)}{\partial y^2} \qquad \textbf{(B.22)}$$

En utilisant les propriétés de la dérivée d'un produit de convolution, on obtient :

$$I*\frac{\partial G_\sigma}{\partial t} = I*\frac{\partial^2 G_\sigma}{\partial x^2} + I*\frac{\partial^2 G_\sigma}{\partial y^2} = I*(\frac{\partial^2 G_\sigma}{\partial x^2} + \frac{\partial^2 G_\sigma}{\partial y^2}) \qquad \textbf{(B.23)}$$

Ceci nous amène à démontrer la relation suivante :

$$\frac{\partial G_\sigma}{\partial t} = \frac{\partial^2 G_\sigma}{\partial x^2} + \frac{\partial^2 G_\sigma}{\partial y^2} = \Delta G_\sigma \qquad \textbf{(B.24)}$$

Pour la démonstration, considérons le cas où $G_\sigma$ une fonction gaussienne à plusieurs variables définie pour $\mathbf{x} = (x1, x2, \ldots, xn) \in R^n$, et d'écart type $\sigma = \sqrt{2t}$ :

$$G_\sigma(\mathbf{x}, t) = \frac{1}{(\sqrt{4\pi t})^n} e^{-\frac{\mathbf{x}^T \mathbf{x}}{4t}} \tag{B.25}$$

Ses dérivées spatiales aux ordres 1 et 2 s'écrivent :

$$\frac{\partial G_\sigma(\mathbf{x}, t)}{\partial x_i} = -\frac{x_i}{2t} G_\sigma(\mathbf{x}, t) \tag{B.26}$$

$$\frac{\partial^2 G_\sigma(\mathbf{x}, t)}{\partial x_i^2} = (\frac{x_i^2 - 2t}{4t^2}) G_\sigma(\mathbf{x}, t) \tag{B.27}$$

Sa dérivée par rapport à l'échelle t, conduit alors :

$$\frac{\partial G_\sigma(\mathbf{x}, t)}{\partial t} = (\frac{\mathbf{x}^T \mathbf{x} - 2nt}{4t^2}) G_\sigma(\mathbf{x}, t) \tag{B.28}$$

D'où la relation :

$$\frac{\partial G_\sigma(\mathbf{x}, t)}{\partial t} = (\frac{\mathbf{x}^T \mathbf{x} - 2nt}{4t^2}) G_\sigma(\mathbf{x}, t) = \sum_{i=1}^{n} \frac{\partial^2 G_\sigma(\mathbf{x}, t)}{\partial x_i^2} = \Delta G_\sigma(\mathbf{x}, t) \tag{B.29}$$

www.ingramcontent.com/pod-product-compliance
Lightning Source LLC
Chambersburg PA
CBHW021106210326
41598CB00016B/1347